流量的秘密

爆款短视频的底层逻辑

李洋阳 编著

人民邮电出版社

北 京

图书在版编目（ＣＩＰ）数据

流量的秘密 ： 爆款短视频的底层逻辑 / 李洋阳编著
. -- 北京 ： 人民邮电出版社，2023.9（2024.6重印）
ISBN 978-7-115-62274-7

Ⅰ．①流… Ⅱ．①李… Ⅲ．①网络营销－营销策划
Ⅳ．①F713.365.2

中国国家版本馆CIP数据核字(2023)第126009号

◆ 编　　著　李洋阳
　　责任编辑　赵　轩
　　责任印制　胡　南
◆ 人民邮电出版社出版发行　　北京市丰台区成寿寺路11号
　　邮编　100164　电子邮件　315@ptpress.com.cn
　　网址　https://www.ptpress.com.cn
　　廊坊市印艺阁数字科技有限公司印刷
◆ 开本：720×960　1/16
　　印张：13.5　　　　　　　2023年9月第1版
　　字数：184千字　　　　　2024年6月河北第4次印刷

定价：59.80元
读者服务热线：(010)84084456-6009　印装质量热线：(010)81055316
反盗版热线：(010)81055315
广告经营许可证：京东市监广登字 20170147 号

前言

回想起来，我做"爆"的第一条短视频，完全是无心插柳。

2018 年夏天，我在肯尼亚马赛马拉草原拍摄到一段角马成群过河的视频，然后随手发到抖音上，一周时间收获了超过 20 万的点赞。虽然几乎不间断的系统提示很吵，但那种被别人关注的心情别提有多好了。

后来，我做过单条 2.3 亿次播放的短视频，也操盘了账号从零到百万粉丝的全过程。到现在，我都记不清参加过多少种类型的短视频项目，也数不清分享过多少次运营心得。在教学相长的过程中，我也在不断突破自己的认知边界。对于那些回答过千百遍的问题，我觉得是时候把它们按照一定的脉络梳理出来，分享给更多的人了。

我问出版行业的朋友："作者一般会在什么时候选择出书？"他给我的答案是："当你感觉真的有话要讲的时候。"

在过去的几十年中，随着技术的发展，媒介环境发生了巨大的变化。数字化、移动化、社交化等趋势深刻地影响了人们的沟通方式和消费习惯。而作为现代人生活重要组成部分的短视频，不仅是消费者获取信息和进行娱乐的主要途径，也是企业推广和营销的重要手段。

　　媒体人在过去十年里经历了两次重要的转型，第一次是从纸媒到图文新媒体的转型，很多传统的媒体人从这时候开始运营起了公众号，第二次是一批新媒体从业者开始转型做短视频。

　　不光是短视频新手，即便是有过一些经验的短视频从业者，在这些年也面临着诸多挑战。一方面，创作者缺乏对短视频运营体系和方法的全面认知，比如我认识的一位短视频创作者，粉丝都已经超过了 20 万，却还未意识到完播率对于短视频的重要性。另一方面，短视频市场竞争激烈，新玩法不断涌现，观众需求逐渐多元化，这些都要求短视频从业者保持极高的敏感度和创新能力。除此之外，版权保护、内容审查、用户隐私保护等，任何一项做不好，都很"要命"。"好消息"是，对于创作者而言，竞争对手也遇到了同样的挑战，如果自己能早一步找对方向，加快速度，反而有好机会。

　　为此，我结合自己这些年的实操经验，悉心梳理了短视频传播的底层逻辑，挖掘了大量代表性案例背后的原理，旨在为广大短视频从业者提供一份全面、系统的运营指南。

　　在本书的编写过程中，我还邀请了平台合作方和行业内的优秀从业者出谋划策，在此对他们的付出表示真心的感谢！

　　本书不仅适用于从事短视频营销的企业和个人，也适用于数字营销、社交媒体、互联网等相关行业的专业人士和学习者。

　　最后，希望本书能够为短视频新手提供清晰的方向和思路，帮助他们在运营中更加得心应手。同时，我也期待读者的反馈和建议，帮助我不断完善和更新本书的内容，与行业共同成长。我的邮箱：liyangyang8401@163.com。

　　免责声明：本书所涉及的账号与案例仅供学习和参考，并不代表作者与出版方的观点，由此引发的纠纷与作者和出版方无关。

目录

03 第 3 章 定位、包装与人设

打造令人过目不忘的短视频账号 029

第 4 章　内容制胜

短视频创作思路与流程详解....................061

05 第 5 章　好文案，如何好

出手成章的金律与技巧 091

08　第 8 章　提升转化率与收入

短视频营销实战讲解 175

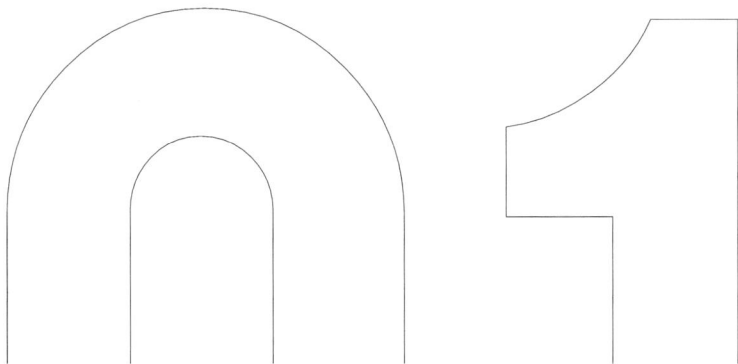

第 1 章　踏浪而行

——短视频创作背后藏着大机遇

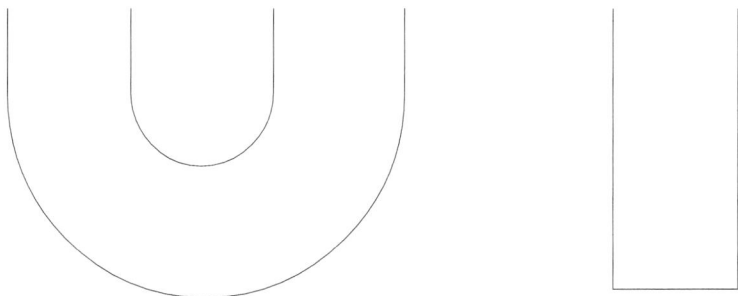

　　互联网，就像个放大镜，即便再小的个体，也可以通过互联网向世界展示自己。尤其是在当下，倘若思路与方法得当，普通人也能通过短视频平台成为万众瞩目的焦点，进而实现自身的价值。

　　吃饭这件普通得不能再普通的事情，只要经过你的精心策划，就能通过互联网的放大，成为一期备受欢迎的美食节目。加上持之以恒的练习与实践，你可能也会成为美食界的"达人"。

　　不管你是心怀远方的旅行者，还是擅长某类才艺的表演者，抑或只是单纯地想向世界展示自己，你都可以利用互联网和短视频平台，创造自己的收益与价值。

1.1　信息对人的影响是潜移默化的

"一天下来，仿佛什么都没做，但总觉得十分疲惫。"您是不是也有这样的感觉？其实，这是因为我们每天不知不觉地在海量的信息中筛选出对自己重要的信息，这无疑会极大地消耗我们自身的精力。

思考一下，你会在什么时候"刷"短视频，"刷"多久。

大多数人也是一样的！

在互联网尚未形成气候的 21 世纪初，一份报纸所包含的新信息，比几百年前的人一辈子接收的信息都要多；又过了二十多年，现在一个人在一天中从短视频中接收的信息，比几十年前一周的报纸所传达的信息要多得多，也更庞杂。

据一项研究统计，一个成年人每天接收的信息量是 34GB，其中包括大量的影像信息。人的大脑一生能处理的信息量是 173GB。这就是说，一个人一天接触到的信息量已经达到他一生能够处理的信息量的 1/5。所以，一个健康的现代人最终会对过量的信息采取漠然的态度，这正是大脑的一种自我保护机制。

信息能够潜移默化地影响和改变着人类的认知。那么，我们如何利用信息而不是被它束缚？换句话说，什么样的人能利用好信息脱颖而出？**一是具备更强学习能力的人，学习能力代表着信息的接受能力；二是能够筛选有效信息的人，信息可以改变你的认知进而影响行动。**

《理解媒介》的作者麦克卢汉说："媒介即信息。"因此，想要在信息面前获得主动权，首先要了解媒介（或称媒体）的发展，从中发现潜在的规律。

人类从使用符号开始，经历了漫长的过程，掌握了精妙的语言、精准的文字。书本、报刊一度成为信息呈现的巅峰形式。后来，人类凭借在科技领域的突破，已经可以利用电子图像、音频、视频来传达思想，表达情感。而此时此刻，短视频则成了全人类最偏爱的信息形式之一。短视频已经默默地将你我包围，而如何筛选有效的短视频内容并为我所用，以及如何制造优质的短视频内容吸引他人，已经成为短视频创作者生存与发展的关键。

1.2　媒体技术的演进

从 15 世纪起，各类报纸的出现，让人们获取信息的效率大幅提升；1888 年第一部电影《朗德海花园场景》上映，世人见识了另一个世界；1924 年第一台电视机面世，改变了人类的生活和接收信息的方式……这已经是很多年前的事情了。

那我们或多或少熟悉的呢？ 2009 年新浪微博上线，我们是不是从那时候开始乐于分享自己的所见、所闻和所感？ 2012 年公众号上线，又有多少人是从那时做起了"自媒体"？而就在短短的几年内，5G 通信技术上线，让以前播放卡顿的各类互联网视频节目变得流畅无比，而短视频平台借着最新的技术与观看体验，让人们彻底迷上了短视频。

随着媒体技术的发展，媒体形态的不断更新变化，显现出各种媒体相互融合的趋势。原本每一种媒体都以其独特的符号系统、使用方式、传播特点构成了一个微观的媒体环境，而它们的相互交织，又构成了人类赖以生存的媒体环境。

1.3　算法比你更了解你

人类研究的算法历史很悠久，而算法真正影响到普通人的认知与生活，似乎是从互联网时代开始的。

其实早在 1995 年，卡内基梅隆大学的罗伯特·阿姆斯特朗等人和斯坦福大学的马可·巴拉巴诺维奇等人，就分别提出了个性化导航系统 Web Watcher 和个性化推荐系统 LIRA，从此开启了个性化推荐的新时代。

智能化的内容推送机制等技术的应用，使无穷无尽的短视频内容能够与不同偏好的用户（在大多数情况下，就是"观众"）精准匹配，进而实现"千人千面"的展现效果。如此"贴心"的推送机制，让观众好像上了瘾，越来越离不开手机，离不开短视频平台。

就拿我们最熟悉的"抖音"直播为例，每个主播都想获得尽可能多的人关注（后面称其为"流量"），然而，这背后是谁说了算呢？当然是算法了。它心里有一套标准，用于衡量每个主播的直播间数据，并根据数据给不同的直播间划分层级，继而给主播们分发不同额度的流量。也正是强大的算法，给予观众最想看到的内容，同时也支撑着短视频平台的快速发展。

再比如，当你打开"今日头条"后，一旦阅读了某篇文章，或者点赞、评论、转发了感兴趣的内容，很快今日头条就会让你看到大量类似的内容。

在这种信息分发模式下，人与信息的关系出现了反转：**以前是人找信息，也就是搜索，现在变成了信息找人，也就是推荐。这样，用户获取信息的效率更高了，甚至连一些自己潜在的喜好也会被挖掘出来。**

现如今，算法的规则神秘又复杂，任何创作者都没有十足的把握将自己的作品快速而有效地推荐给潜在的观众。对本书的读者，也就是内容创作者来说，我们需要摸清算法的"脾气"，让它能够更好地识别自己的作品，从而让更多的观众看到。

1.4　内容审核机制

由于创作者的激增，短视频平台充斥着无穷无尽、复杂多样的内容，而内容的审核就成了各个短视频平台都面临的难题。有的平台除了建立自身的内容审核团队，还要招募专业团队分担工作量，但显而易见的是，内容审核工作无法完全通过人工来实现，这时就要利用人工智能（也就是 AI）来帮忙。

然而，**即使是不知疲倦的 AI，在审核内容时也难免会因为技术问题而造成误判**，因此目前各个短视频平台普遍采取"AI"和"人工"搭配的模式。当创作者把短视频上传到平台后，AI 会提取其中的音乐、语言、图像、人脸等信息。如果 AI 识别到短视频存在违规情况，则会触发人工审核流程。不仅如此，AI 还可以基于创作者过往的行为数据，预测其后续违规的可能，做到防微杜渐。这种模式可以大大减少人工审核的时间。对于持续违规的账号，平台会给予封号处理。

1.5　简单有趣的短视频创作

不管是个人还是企业，在分享或发布重要的图片前，一定会精心"P"图，也就是用美图秀秀或更专业的 Photoshop 美化照片或图片。对于短视频（后文会酌情使用"作品""视频"等，通常都指短视频），大家依然需要利用各种软件来进行修饰和美化。短视频平台通过 AI 提供的智能美颜、虚拟表情包等视觉特效功能，**为短视频增添了趣味性，也为短视频营销提供了更广阔的创意空间。**

例如，通过 AI，游戏玩家要想制作一段视频集锦，就不需要自己亲手剪辑了，短视频平台能自动识别和编辑素材，玩家要做的就是一键分享（见图 1-1）；抖音"时光机"特效能够预测出你变老后的模样（见图 1-2）；此外，短视频平台提供的各种有趣特效，能让那些原本没有创作欲望的用户参与其中。由此可见，AI 技术已经成为各个短视频平台激励人们进行创作的重要手段之一。

图 1-1

图 1-2

1.6　选对短视频平台很关键

　　一般来说，人们所说的"新媒体"始于智能手机与通信技术推动下的图文新媒体。极具代表性的就是微博、公众号。随着一代又一代通信技术的应用与智能硬件的升级，短视频凭借酣畅淋漓的观看体验，很快便获得了人们的青睐。

　　创作者想要玩转短视频，首先**要了解各个短视频平台的特点与受众，从中发现规律、逻辑与机会**。短视频的创作主题可以涵盖人们生活和工作的方方面面：生活知识、技能分享、幽默搞笑、穿搭潮流、兴趣爱好、热点话题，等等。但是要注意，不同短视频平台的受众会有所差异，因此要找到既适合自己，又适合平台主流受众的创作方向。

　　今天的短视频平台大有百花齐放的态势：抖音强大的算法会为每个人推荐其感兴趣的内容；快手独特的内容风格让人不知不觉消磨了很多时间；视频

号依然如微信一样，是一款强调社交的短视频平台；而面向"Z 世代"（天生接触互联网的年轻人）的哔哩哔哩聚集了数不清的年轻人感兴趣的内容⋯⋯

1.6.1 今日头条

"今日头条"与传统的新闻 App 或平台最大的区别在于，它会根据用户在平台上的选择偏好，通过智能推荐机制为用户呈现信息，达到所谓的"千人千面"的个性化推荐效果。

虽然利用算法推荐新闻会给用户筑造信息茧房，但这项技术的确引发了移动互联网时代信息传播机制的重大变革。

今日头条的男性用户的占比为 77.6%，其中超四成用户为 36 岁以上，30 岁以下用户仅占三成。可见，中年男性为今日头条的主要用户群体。在用户的城市分布中，一线城市的占比为 13%，新一线城市的占比为 22.9%，二线城市的占比为 19.6%，三线城市的占比为 20.4%。

1.6.2 抖音

抖音 App（后简称"抖音"）在上线之初，凭借全屏高清、美颜滤镜等特性，受到了大量年轻人的青睐。与"今日头条"一样，抖音也分析用户偏好，不断地为用户打上"标签"，形成用户画像。因此，抖音推荐的内容非常对观众的口味，更容易让人着迷。

抖音目前是全网现象级的短视频平台。2022 年三季度，抖音用户达 8.09 亿左右。以"记录美好生活"为口号的抖音平台，男女用户比例比较均衡，多为 19 至 40 岁的年轻人与"资深"年轻人，并且一线及新一线用户占比高达 35%。抖音用户活跃时间为 9:00 至 17:00（非工作日）和 19:00 至 23:00（工作日）。

抖音平台用户的消费水平相对较高，除算法推荐，目前抖音的搜索日活已经突破 4 亿，也就是说，人们会来抖音找答案、找商品。

1.6.3　快手

在我们的印象里，快手 App（后文简称"快手"）中的内容来自形形色色的普通人，"普惠流量"也曾是快手最核心的关键词。在快手上，得到他人的鼓励，哪怕是一个点赞，都可以激发创作者非常强的分享欲望。这个底层逻辑是快手得以发展的前提。快手将自己的 Slogan（口号）定为"记录世界，记录你"。

2016 年，正值"千播大战"之际，快手上线了直播功能，并在形式上做了创新。"主播 PK"这个玩法非常受欢迎，它降低了直播的难度，这一做法直接使直播和用户停留时间的大幅增长。

快手平台的男女用户比例较为均衡；用户以 31 岁以上人群为主向两端辐射，31 至 35 岁的用户居多，占比为 29.6%；三线城市及城镇用户的占比较高。运营快手需要重点理解一个用户群体——"小镇青年"。

"小镇青年"没有过高的生活成本和较长的通勤时间，因此对于互联网的需求非常高，而且使用时间长，他们更喜欢"真实、靠谱、接地气"的内容。

1.6.4　视频号

腾讯可以说是最早布局短视频的企业之一。它在 2013 年 9 月就上线了"微视"，可惜在当时并未风靡。直到看到快手和抖音的飞速增长，腾讯才重新布局短视频业务。无论是当年的 QQ 空间，还是后来的《王者荣耀》，腾讯的优势都体现在庞大的社交体系上，自然短视频平台也不例外。

随着用户在通信软件上所花时间的减少，腾讯开始重新思考自己在短视频上的优势。2020 年 1 月，视频号姗姗来迟，建立在微信庞大用户基础上的视频号，迅速吸引了一大批用户和商家，上线仅半年，日活便超 2 亿。

对于视频号，我们不能单独来看，因为视频号是背靠着整个微信生态的。在中国，大部分人的手机里都有微信，但是使用微信的人未必使用视频号，这样我们可以把视频号的用户理解为视频号常驻用户和微信流量池潜在用户。

微信流量池基本上涵盖了 12 亿用户。截至 2021 年 1 月，视频号对微信用户的渗透率约为 24%。视频号常驻用户的地理分布均匀，年龄层从青少年到老年。另外，微信公开课数据显示，"85 后"女性是视频号创作者中最活跃的人群。在使用视频号时我们不难发现，社交属性越强的内容传播速度越快，特别是"热点""情感""生活"这一类的内容。

1.6.5　哔哩哔哩

诞生于 2009 年的"哔哩哔哩"（后文简称"B 站"）一开始并不是一个短视频平台。B 站最大的特点是允许用户在视频中随时"发射弹幕"（发送文字）。一开始，B 站主要靠用户从其他地方搬运内容来维系社区的活力。慢慢地，获得多轮融资的 B 站从当年的小众社区，发展成为一个多元化平台。

B 站"UP 主"（创作者）更加注重作品的创意，并且主题涵盖的范围非常广泛，从兴趣爱好到知识技能分享等。此外，B 站特有的、UP 主与观众间的良性互动，使得 B 站形成了良好的社区生态文化，能够很好地维系用户黏性。

B 站极为注重 UP 主的创作权益，特别建立了奖惩机制，通过区块链技术和互联网法院等方式，对 UP 主原创内容进行保护。

B 站发展的核心在于，"Z 世代"成长条件优渥，受教育水平较高，对科技感兴趣，对文化产品有需求，对自我表达有强烈欲望。"Z 世代"正在逐渐成长为消费主力。

1.7　做到这几点，作品更容易成爆款

在休闲时间，人们总会打开手机"刷"一会儿短视频，各种信息通过短视频传播，那么创作者如何找到属于自己的机会呢？对于创作者，我认为需要从以下几点入手。

- 理解推荐算法。
- 找准账号定位。
- 明确内容策略。
- 磨练内容创作。
- 培养流量思维。
- 掌握传播逻辑。
- 打造营销体系。

在这一章，我们没讲大道理，你只需要知道，短视频创作的底层逻辑与以往的传播方式没有本质区别，却又有显著的独特之处。如果你从事过相关工作，那么已有的经验说不定会大有用处。在接下来的章节中，我们将聚焦短视频时代的传播特点，对上述方法和技巧进行细致的解读，相信你也能从零做出爆款短视频。

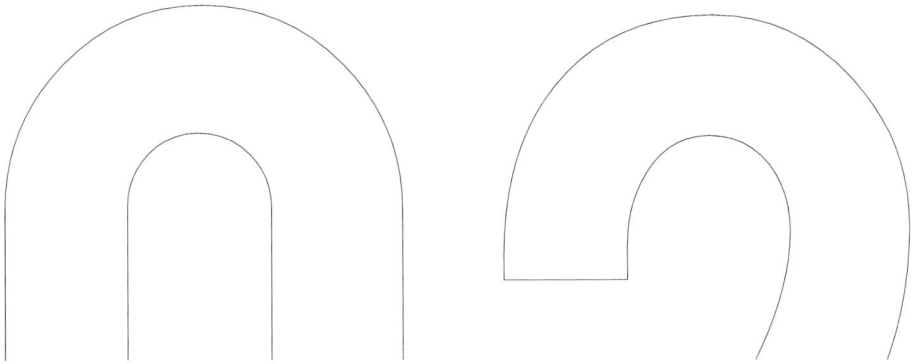

第 2 章　推荐算法

——如何让平台向你倾斜流量

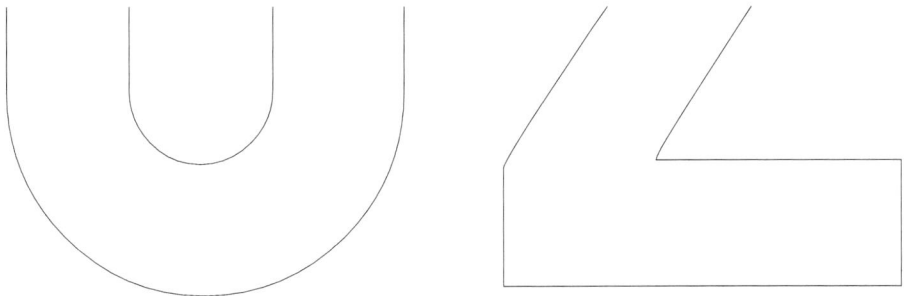

作为一名创作者，一定要了解和熟悉自己所要深耕的短视频平台的推荐算法，并据此创作内容，以便获得更多的流量。

简单来说，推荐算法是**一套内容分发机制**。它将短视频作品自动发给可能对其感兴趣的用户（为了表达得更清晰，后面将用户称为"观众"）。首先，这个机制会将作品分类和打标签，然后将它分发给也被打了对应标签的观众。观众浏览作品的**时长**、作品的**完播率**、观众的**点赞**和**评论**，这些指标会反馈给短视频平台，由平台分析这个作品的质量并依据结果将作品分发给更多的观众浏览。

2.1　机器一直在观察和记录观众行为

算法会不断记录你在平台上的偏好，

然后根据你的偏好再重新定义"兴趣"。

如果在你面前有两个按钮，按下左边的，可以直接获得 500 元；按下右边的，则有 50% 的概率得到 1000 元，那么你会选择按下哪个按钮呢？

我们经常听到"选择大于努力"这句话。归根结底，一个人的选择往往取决于成长过程中种种因素影响下的认知。如果一个人总是追求稳定，那么他会选择直接拿走 500 元，落袋为安。如果一个人在成长过程中总是敢于以小搏大，那么他多半会选择按下右边的按钮。

每个人都有一套处事原则。这套原则主导着他的种种选择，同样决定着他会在短视频平台观看什么内容。

就拿我们身边的人为例，家里老人、中年人和年轻人的手机里，几乎都有好几种短视频 App。当我们打开每个人的同一款 App 时，可以看到首页推荐的内容有着很大的不同。

这是因为，当你打开并注册了一个 App 账号之后，App 就会让你填写自己感兴趣的内容（见图 2-1），而它背后的决策机器，会根据你选择的兴趣爱好来为你推荐初始内容。也就是说，平台（即 App）在用户注册时就对这个人的认知做了初步判断，平台知道这个人将来可能会选择看什么视频，进而给他推荐更多相似的视频。

那么，平台或者说机器是如何进行学习，并"投其所好"推荐用户喜爱的视频的呢？要知道，新用户刚刚注册 App 的时候，选择的兴趣偏好往往并不精准。

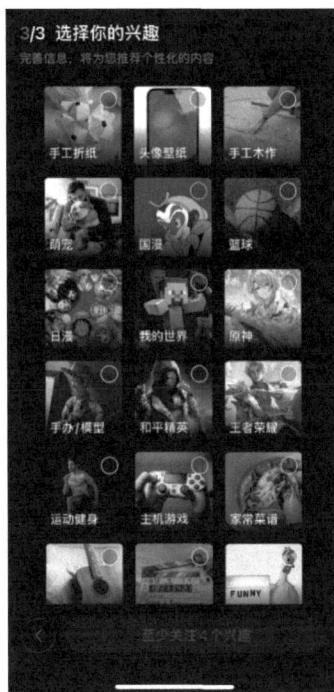

图 2-1

案例：观众标签的变化

　　一个大学三年级的学生，在注册短视频 App 时，基于学业与就业的压力，他很有可能会选择"阅读"这个兴趣方向，但在真正使用 App 的时候，这名学生多半把阅读这件事忘在脑后了，而把时间都用在观看游戏视频上了。这时候，这个用户的"阅读"标签就是极不精准的，算法会重新根据用户在平台上看的内容，刷新他的标签。

　　如果学生顺利毕业，身份变为职场人，那么他的内容偏好和标签会再次发生变化。要理解算法，就一定要理解这种**动态变化**。

2.2　从"我想找"到"被推荐"

几年之前，人们习惯于通过"搜索"来获取方方面面的信息。在淘宝和百度之类的网站上，人们主动地去搜索需要的商品、知识，等等。在这样的模式下，**用户往往是先有了某样需求，再主动地找到满足需求的方案。**

而现在的短视频平台，会根据观众平时的观看偏好，**主动给观众推荐视频**。比如，你在抖音上观看节目时，突然"刷"到了一个销售某个商品的视频或直播，而这个商品正是你最近感兴趣或想买的。接着，你就有可能因为实惠的价格和放心的条款而下单付款。

这就是各种主流电商平台都遵循的"猜你喜欢"逻辑。比如，如果没有系统推荐，可能很多宠物主人一辈子也不会买"宠物发球机"这样的宠物玩具（见图 2-2）。

图 2-2

2.3 人群共性塑造用户画像

平台通过对用户行为的分析得到高度精练的特征标识，也就是各种
标签，不同维度的众多标签进而形成用户画像。

在观众多次观看救助流浪动物的视频后，平台会给其打上一个"喜欢流
浪动物"的标签；若观众长时间观看历史知识视频，平台则会给他贴上一个
"历史爱好者"的标签。

短视频平台在推荐视频之前会对观众的过往行为进行分析进而形成标签，
再根据观众的标签构建画像，判断观众喜好，从而筛选出观众可能感兴趣的视
频，并将其推荐给观众。

我们甚至可以说，机器比你更懂你自己。

通常来说，用户（观众）画像包含**基础画像**和**动态画像**两部分。

- 基础画像：是用户相对稳定的信息，比如性别、年龄、受教育程度、
所在位置和婚育状态等。
- 动态画像：主要是用户在平台上的行为记录，比如观看、点赞、评论、
转发、收藏、下载、在直播间的停留、观看和点击了什么商品、下单、
付费等。平台会根据用户的兴趣偏好不断更新其身上的标签。动态画
像会经常发生变化，用户可能在各种促销活动中观看和收藏大量商品
视频，而在热点事件发生后特别关注相关的热点解读视频。

2.4 短视频内容本身也会被打上标签

不光观众会被平台打上标签，创作者发布的每一条视频，也被平台依据

其内容打上标签，比如，短视频的画面、文案、清晰度等，都会被打上不同的标签。当短视频的标签和某些观众的标签匹配时，这条短视频就会被推荐给他们。

每一个个体，都是很复杂的，很难用一个词讲清楚。比如，当你做自我介绍时，会说自己是"自媒体创作者""创业公司老板""全职宝妈"等，这些身份会让人们更好地理解你的生活状态和兴趣，进而让你更好地融入社交场合。同样，短视频平台也是通过这种打标签的方式去了解短视频的。

很多经验尚浅的创作者，在发布作品的时候标签打得不准，导致平台没有办法把它推荐给可能感兴趣的观众，最后这条视频的播放效果就会大打折扣。所以，在发布短视频前，一定要思考清楚自己的**目标观众是谁**，以及他们**到底喜欢什么**。选定好用户范围，才能提升获取流量的效率。

2.5 流量推荐三要素

流量推荐三要素：场景、人、信息。

流量推荐的三个关键因素——场景、人、信息——要贯彻到短视频创作的始终。

2.5.1 恰当的场景

曾有个客户向我咨询，他的财经短视频为什么即使在晚间黄金时段（19:00–21:30）发布，流量也不如预期。后来我们做了一些调研，发现有不少有经验的财经博主会在早上 5:30 发布内容，他们认为财经工作者的起床时间比较早，所以要趁早发布短视频，这样财经工作者起床后习惯性刷视频的时候，就会看到最新的财经内容。

　　相反，情感类型的内容比较适合在深夜发布。想象一下，对于一个在大城市工作到很晚的职员，一条慰藉心灵的情感内容是不是更容易激起他的共鸣？观众的身份和性别不太容易发生变化，但是其所处的环境却总在变化。

2.5.2　人的标签总在变化

　　平台通过"基础画像"和"动态画像"识别形形色色的用户。比如，一个用户可能：①喜欢世界杯，却不喜欢踢足球；②喜欢踢足球，但不喜欢世界杯；③喜欢世界杯，也喜欢踢足球；④不喜欢世界杯，也不喜欢踢足球。因此，作为创作者，一定要知道平台会根据观众的偏好去推荐内容（见图2-3）。

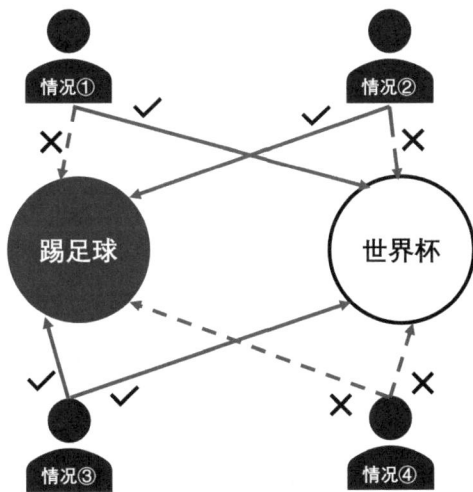

图 2-3

　　很多刚开始做短视频的新手，很喜欢框定大而全的目标人群，恨不得给一个短视频加上十多个标签。其实，这是非常危险的，这不仅会给平台造成困惑，也会导致短视频无法被精准推荐给真正感兴趣的人。比如，你发布的教授足球技巧的"踢足球"内容被推荐给了①或者④，这群观众本身对踢足球没有兴趣，因此可能直接就把视频划走了。这样一来，作品的各项数据随之下降，就无法继续得到推荐了。这时候，创作者要做的是**降低平台对短视频进行判断的难度**。尤其是新手创作者，让平台更轻松地判断你的内容，会让你的短视频起步更容易。

2.5.3　令人着迷的信息

算法就好像是给房间多套了几层厚茧，

而后悄悄锁上门，再扔掉钥匙。

《信息乌托邦——众人如何生产知识》中提出了"信息茧房"的概念：在信息传播中，由于公众自身的信息需求并非全方位的，公众只注意自己选择的东西和使自己愉悦的领域，久而久之，会将自己桎梏于像蚕茧一般的"茧房"中。

这些年，"信息茧房"现象一直被大众诟病，而普通人想要打破"信息茧房"，方法也很简单，那就是丰富获取信息的渠道与领域，提升自我认知。

2018 年在短视频平台爆火的内容，放在今天可能不会再火，这是因为**随着接收的信息量的增加，观众的经验与认知也在提升**。如果创作者不随着观众的偏好改变打法，自我创新，自然就会陷入流量的瓶颈。

短视频平台的内容推荐，就是"在特定场景下，进行人和信息的有效连接"。创作者新发布一条短视频后，平台还会结合以下这些维度对其做出推荐判断。

* *内容是否违规。*

- 标题是否吸引人。
- 视频是否清晰。
- 作者是否持续、稳定地创作和发布作品。
- 短视频内容是否与账号所属行业相匹配。

我所熟悉的那些优秀的创作者们,其共性是不断洞察市场动态,掌握观众的品味变化,有针对性地推陈出新。其实,站在观众的角度就不难理解了,你在一个短视频平台连续刷到好几条一模一样的内容,是不是就没有兴趣再看下去了?哪怕内容再精彩,看多了也会厌烦。

你永远不知道自己刷到的下一条视频是不是自己想要看的。

曾经有一个著名的心理学实验,科学家把鸽子 A 放在一个笼子里,并在笼子里面设置了一个按钮,鸽子只要按下按钮,就会有食物掉出来。鸽子 B 被放在另外一个笼子里,里面同样设置了一个按钮,但是按下这个按钮,有时候会掉出食物,有时候则不会。你们觉得哪只鸽子会更加疯狂地按按钮?

答案是鸽子 B。科学家最后得出结论:动物只要发现做某种行为就可能得到未知奖励,那么动物就更有可能上瘾。不出所料,这一现象也出现在人类身上。

如果玩家在游戏中打开一个宝箱必定会获得一个宝贝,那么玩家会觉得这个游戏没意思,但是打开一个宝箱可能会得到小奖励,也可能会倒霉,那这就变得好玩多了,继而会令人上瘾。

回想一下,刷短视频是不是也是这么一个道理?你永远不知道自己刷到的下一条视频是不是自己想要看到的。如果是,自己就会期待下一条也是自己想要看到的。如果不是,那么更想立刻刷下一条,看看是不是自己想要的。只不过大家刷短视频得到的并不是物质奖励,而是心理上的愉悦。

2.6　短视频平台流量机制

对于短视频平台，庞大的用户群体就是它们的流量池，
每个用户都是它的流量。

在创作者发布了一条短视频后，平台会为其匹配一定的（不多）初始播放流量。从这个时候开始，平台就开始"研究"观众了。它会根据"完播""点赞""评论"等数据指标，决定是不是给创作者推荐更多的流量。

而创作者的作品就像一个小池子，平台会根据作品达成的效果，给这个池子注入更多的"水"（流量）。在抖音中，一级流量池对应几百次的播放量，二级流量池对应 3000 至 5000 次的播放量，三级流量池对应的播放量是 1.2 万至 5 万，四级流量池对应 10 万至 12 万，五级流量池对应 40 万至 60 万，六级流量池对应 200 万至 300 万，七级流量池对应 700 万至 1100 万，八级对应的就是持续推广池。

此时，很多人就会有个疑问：既然有流量池，我们只要做好内容就能提升播放量了，还有必要提升粉丝量吗？

当然有必要。

平台虽然会给创作者推荐初始流量，但是会优先推荐给粉丝。另一方面，我们也不能单纯用粉丝量去衡量创作者账号的价值，而是要看这个账号的活跃粉丝数。因为有些账号的粉丝量看似很大，实则都是静默粉丝，平台把初始流量推给静默粉丝后，"完播""点赞"等数据并不是很好，平台就不会再继续给它推荐流量了。

2.7　持续带来收益的长尾流量

想要做好长尾流量，那就要学会站赛道、打标签，
看重每一次发视频的机会。

很多创作者都遇到过这样的情况：自己很久之前发布的一条视频突然"活"过来了。原本枯竭的流量，又在某个时刻重新涌来。

其实，这种情况的出现受很多因素的影响。我给大家举个例子：你曾经发布过一条煮元宵的搞笑短视频，原本没有受到太多关注，但是元宵节到了，各种关于元宵的短视频爆火，因此之前你发布的这条"元宵"短视频就有可能被识别成相似的视频再次推荐给观众。让视频再次火爆的原因在于"媒介环境"发生了变化。

还有一种情况就是，越优秀的作品，长尾效应越明显。这不难理解，那些优秀的绘画作品、音乐戏剧、电影、游戏，会影响一代又一代的人，经久不衰。短视频作品也遵循同样的逻辑。

我曾经发布过一条短视频，播放量达到 2.3 亿，获得了超过 550 万个点赞，但这条短视频所获得的成绩也不是一蹴而就的，整个过程经历了半年多的时间。图 2-4 呈现了该作品获得的流量变化，而且近期又有上涨的趋势（涉及商业数据，隐藏了具体数值，读者可参考趋势）。

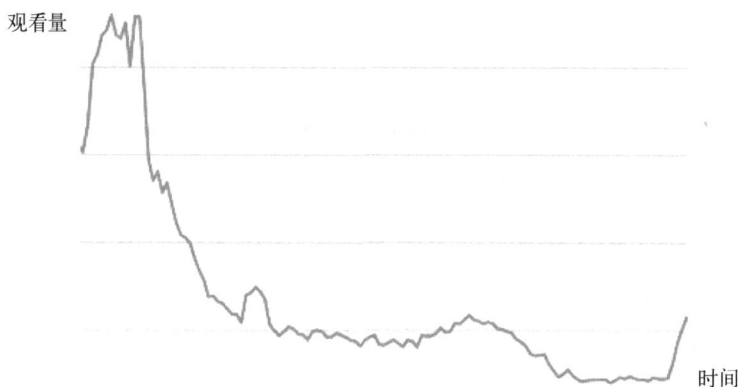

观看量

时间

图 2-4

2.8　社交推荐

社交推荐的内容很多都源于我们的朋友圈子。朋友们喜欢和推荐的内容，很可能是自己没有了解过的。

社交推荐的典型平台包括"微信读书""微信视频号"和"QQ 音乐"等，都是基于社交关系给用户推荐内容。微信视频号的推荐栏中有专门的"朋友"推荐，并且在每条视频下面也可以看到哪些朋友给这条视频点过赞（见图 2-5）。

视频号这种基于社交关系的推荐机制，是有利于打破用户"信息茧房"的。与之相似，某外卖培训平台的外卖学院，有很多帮助中小商户和外卖小哥提升知识与技能的课程，其布局视频号的原因很简单：很多外卖小哥之间都加了微信，商户之间也有联系，通过在短视频中呈现内容，再用社交关系形成的裂变能够提高运营课程的销量。

图 2-5

此外，一些平台还会请求用户授权开放通讯录信息，机器就能据此推测出用户的真实姓名，来补齐社交关系网络信息。比如你在平台上有 5 个好友，其中 3 个人在通讯录中将你的姓名备注为"王二"，另外两个人将你备注为"王先生"，那么系统就会识别出你的名字是"王二"。

2.9 流量黑洞

短视频内容的运营是一件很复杂的工作，它不仅意味着我们要懂得平台算法，而且还要监测流量的实时变化。

曾经有一位经验很丰富的创作者向我抱怨，自己的短视频明明没有问题，但是流量跑到一定阶段后，平台就减少了推荐，尤其是那种有大量模仿者和使用了"洗脑"音乐的视频。这背后的逻辑也很简单：这位创作者拥有很多粉丝，其中的一些也是短视频创作者。如果这些创作者身份的粉丝都在模仿他，就很容易形成一个新热点，引导平台的内容风向。

平台在不同的运营时段和阶段也有不同的侧重，比如在长假前夕，平台希望推荐旅游攻略相关的视频。如果此时半路杀出个全网都在模仿的"变装"视频，它就好像一个流量黑洞，流量被它吸了进去，导致平台的运营动作都被打乱，这时候平台就会制止这种情况持续发酵。

不难想象，一个平台的运营者不仅需要思考一时的流量效果，更要顾及平台长久的可持续发展。各种内容百花齐放，才是平台的长久发展之计。在某些情况下让小利以成全大局，创作者也能得到长久的发展。

2.10 创作者与平台共同成长

创作者既然选择了某个平台，就需要思考平台到底需要什么。

2021 年起，短视频 App 的人均单日使用时长为 125 分钟，超过即时通信 App，短视频 App 的发展呈现出极为迅猛的势头，腾讯先后推出了十几款短视频 App 且坚定地开发视频号的原因就在于此。

对平台（App）而言，观众的停留时间变长，意味着平台有更多机会细致入微地了解观众的喜好，完善个体的标签，从而获得更多商业上的机会。如果平台上有足够多的创作者和更多的商家入驻，就能丰富内容品类，观众也更愿意留下来，这样平台就能进入长久发展的良性循环。

创作者既然选择了某个平台，那就要充分了解该平台需要什么，打击什么。一般来说，主流平台都遵循以下 4 个原则。

- 对于纯搬运的内容，平台予以严格审核，并做限流处理。
- 对于新闻内容，平台优先选择流量大、来源权威的内容。
- 对于原创内容，在审核规则之内是绝对支持的；对于二次创作类内容平台也不做限制；但对于抄袭内容，平台则绝不姑息。
- 经典影视动画片段和经久不衰的音乐这类具备重复消费属性的内容，在平台上可以延长用户的停留时间，所以平台对此没有加以限制。

案例：原创不火，"二创"出色

　　2022 年出现了一段爆火的短视频"我是云南的"，因为节奏感强，被争相模仿与二次创作，在各短视频平台迅速刷屏。其实这段短视频的原创作者是一个叫阿军的年轻人，而爆火的那款短视频创作者却凭借独特的形象被人们记住，从而增加了获得更多流量的概率。

2.11　创作者怎样用好算法

2.11.1　利用 AB 测试寻找更优答案

　　算法的强大之处在于，即便两个短视频作品只是配乐不同，它也能通过数据来识别哪个更受观众喜欢。

　　AB 测试是一种验证最优解决方案的有效方法，类似于自然科学实验设计中的控制变量法。例如，实验人员将一群年龄、体重、性别等因素都相同的小白鼠随机分成两组，给 A 组小白鼠注射药物，给 B 组小白鼠注射生理盐水，随后观察药物的效果。在这种方法中，控制其他要素不变，只测其中一个变量，最终通过数据来比较实验结果。

　　短视频的效果，也可以用这种方法去测试。比如让同一个主播在同样的场景，穿同样的服装，说同样的内容，作品也在同一时间发布。唯一的变化是，一个短视频中主播戴帽子，另一个不戴（见图 2-6），以此来测试观众喜不喜欢这个主播戴帽子。

图 2-6

　　很多时候我们容易陷入主观臆测，而数据是客观的。通过 AB 测试，可以让创作者更客观地理解观众偏好。

2.11.2　矩阵化运营

　　短视频平台上，经常出现一些火得莫名其妙的作品。看似平平无奇的一条短视频，就像捅了流量"马蜂窝"，得到了惊人的观众反馈与反响（点赞、评论）。

　　这是经过高手精心策划和运营的结果吗？通常并不是！多数火得莫名其妙的作品，没有做过运营，只是创作者的无心之举。这当然会让很多专业创作者心里感到不平衡，毕竟自己用心拍摄、剪辑的视频有时候连 500 次的播放量都达不到。

2022 年底，"花炮大王"发布的一条燃放烟花的视频，点赞数超过了 1200 万。这条短视频就是用普通智能手机拍摄的，内容几乎是一镜到底，也没有经过复杂的剪辑和调色（见图 2-7）。

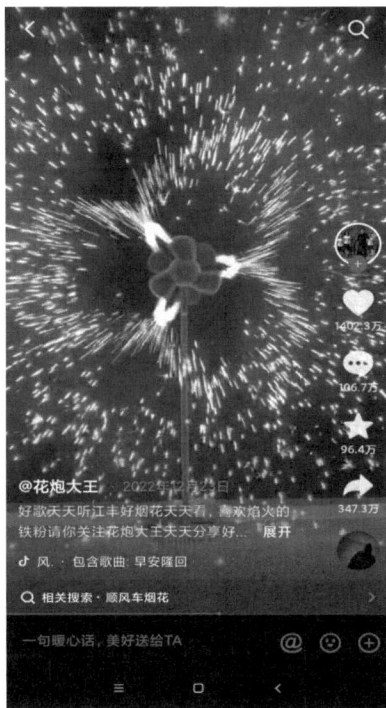

图 2-7

有些时候，一条大爆款短视频的出现确实有运气的成分，正好占据了天时、地利、人和，那有什么方法可以提升作品成为爆款的概率呢？

这里有一个"矩阵化运营"的例子：2019 年，有个果园老板在某短视频平台一口气注册了 20 多个账号，每个账号每天发布 6 条作品，拍摄和剪辑都非常简单，场景都是果园，视频内容要么是摘水果，要么是切水果。就这样，这个老板一天就会发布 120 条短视频，能比那些日更一两条甚至周更几条的创作者获得丰富得多的经验。

　　矩阵化运营，其实就是一种"东边不亮西边亮"的思路。很多机构会从社会上招募大量的短视频创作者，大量的创作者之中但凡有一个"孵化"成功了，这家机构（俗称 MCN）就有了成功的希望。

　　各个短视频平台对于同质化内容的限制越来越严格了，比如前面提到的那个果园的账号现在基本上也见不到了。但对企业和个人而言，提升更新频率，增加账号数量，依然是一种"大力出奇迹"的运营方式。

2.11.3　用算法帮助创作

　　本章前面提到过"信息茧房"的概念，也就是人们只注意自己选择的和使自己愉悦的领域，久而久之，将"作茧自缚"。而能对抗"信息茧房"的方法，就是提升自己的认知能力。

　　在短视频平台上，有很多厉害的人在上面分享丰富多样的知识。不信的话，你在自己常用的短视频平台上搜索"教学"两个字，就可以看到非常多有关专业知识和技能的视频。其实，信息茧房并不存在，只不过人们更偏好停留在自己感兴趣的空间中。

　　如果你能认清这一点，就会看到一个不一样的网络世界。各个短视频平台都是基于画像（数据）给观众推荐内容的。例如，一个创作者非常喜爱健身，想来平台学习健身，所以他就刻意完整地看完那些优质的健身视频并且点赞和评论，久而久之，平台就将其识别为一个"专业"健身爱好者，给其推荐的内容也都是有深度的健身内容，这样，这位创作者就可以很精心地把这些优质内容加以总结和提炼，助力自己的创作。

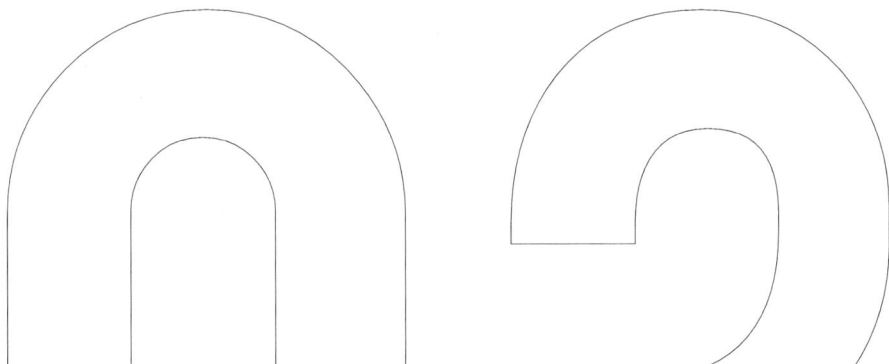

第3章 定位、包装与人设

——打造令人过目不忘的短视频账号

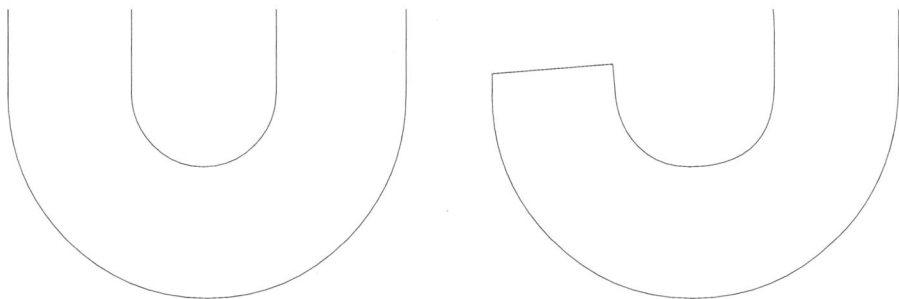

定位，是创作者在创作短视频之前要首先考虑的内容。如果创作者在前期没有做好短视频的定位，那么在后续的实践中会遇到无穷无尽的难题：要么找不到做短视频的方向，空有热情，不见效果，信心逐渐被消磨；要么通过努力收获了大量粉丝，但无法转化为商业上的收益，创作难以为继。

3.1　短视频账号发展的四个阶段

一个刚进入职场的懵懂大学毕业生，他该怎么规划自己的人生呢？我认为应该有以下几个阶段。

- 社会化阶段：在这一阶段要学会模仿，不断试错。我们常说职场新人要摒弃学生思维，要理解社会规则和社交关系。
- 产品化阶段：在这一阶段要构建自己的理论知识体系，找到自我优势。通过努力工作让自己越来越专业，成为佼佼者。
- 传播化阶段：重在提升自身影响力。当你的专业程度及信誉得到了更多人的认可，并且"名声在外"，人们就更愿意传播你的观点。
- 商业化阶段：此时你要让自己变得越来越有价值。当你有了人脉、有了身份标签时，你会发现，很多机会自己就找上门来了。

一个成熟的短视频账号的发展规律与上述职业发展规律颇为相似。

将社会化作为第一阶段，是有充分理由的。我接触过很多领域的专业人士，他们的短视频作品中经常充斥着大量的专业术语与说教，这对于熟悉专业内容的观众来说无可厚非，但要想让自己的作品突破专业圈子，走向大众，首先得让观众能够理解内容。因此，在社会化阶段，创作者要理解观众的心底诉求，利用内容建立起与观众沟通的桥梁，千万不要陷入"知识的诅咒"。

案例：通俗易懂的内容更容易传播

骆宾王写过一篇批判武则天的文章《为徐敬业讨武曌檄》。全文辞藻华丽，千古难见，可惜了解它的人并不多。相比之下，《咏鹅》的社会化程度更高，几乎无人不知，无人不晓。同样的道理，如果你想获得更大的流量，你的作品就要让更多的人看得懂。

产品化阶段，简单来讲就是把你自身以短视频的形式产品化，向观众介绍你自己，短视频作品就是你的说明书，观众通过这份说明书就知道你能帮他解决什么问题，带来什么价值。

在传播化阶段，对自己要针对什么人群创作什么内容已经有了基本的认知之后，提升传播量就成了重点：怎么做人设、怎么叠加优势，让自己的作品口口相传形成记忆点，成为某个行业的"KOL"（关键意见领袖）。

商业化阶段，虽然放在最后讲，但不一定非要最后做。创作者要有"以终为始"的觉悟。你的账号要通过什么赚钱，必须从一开始就想清楚，避免辛辛苦苦赢得了粉丝，最终却难以变现，推倒重来又十分可惜。因此，商业化应该贯穿做账号的始终。

以上这些做账号的问题，都可以通过"定位"的方法找到答案。

3.2　找准账号定位的理念与方法

找准账号定位，是至关重要的一步。第一步走歪了，就会离预期越来越远。

3.2.1　先做正确，再找差异

定位说起来简单，但真正做到知行合一却很难，因为要**"在他人的心智中做到与众不同"**。通俗来讲，做短视频需要先学习，做到正确，再做差异化。

所谓"站在巨人的肩膀上"，在我看来就是"利用过去已经被市场验证过的经验"。这些经验，可以让新手创作者避免无谓的失败，找到靠谱的方向。等你熟悉了工作并且积累了丰富的经验后，慢慢形成了自己的风格，便实现了差异化。这就如同临摹练字，**只有习百家之长，才能逐渐创造自己的风格**。

在当前竞争如此激烈的短视频平台，让观众对你过目不忘，是一件很难的事情。定位不只是创作者当下就要思考的关键问题，在长期的实践中，创作者还需要不断地对其进行调整。

3.2.2　按照行业、专业与职业找定位

与出于娱乐分享目的的大众创作者不同，专业短视频创作者多有行业、专业与职业背景，因此按照自身所从事的行业领域来定位短视频账号是最常见的做法。你从事什么行业，就发布与这个行业相关的内容。比如，美妆行业的从业者或美妆企业的营销人员，对这个行业方方面面的细枝末节都很熟悉，那么他们就可以围绕"化妆""护肤品"等主题发布相关内容的短视频；假如你是学科教师或职场培训教师，那么将自己的课程以短视频的形式进行分享，将使你更容易开启短视频创作之路。

社会越发达，社会分工就越细致。每个人都有自己精耕细作的行业和领域。即便是再冷门的领域，也会有激发观众好奇心的知识与故事。总体来说，创作者发布的内容越有用、越有趣，就越能获得观众的认可，从而使观众关注创作者的账号和后续的作品。此外，你可以通过专业数据分析平台，查看各个

平台账号类别的热度（见图 3-1）。

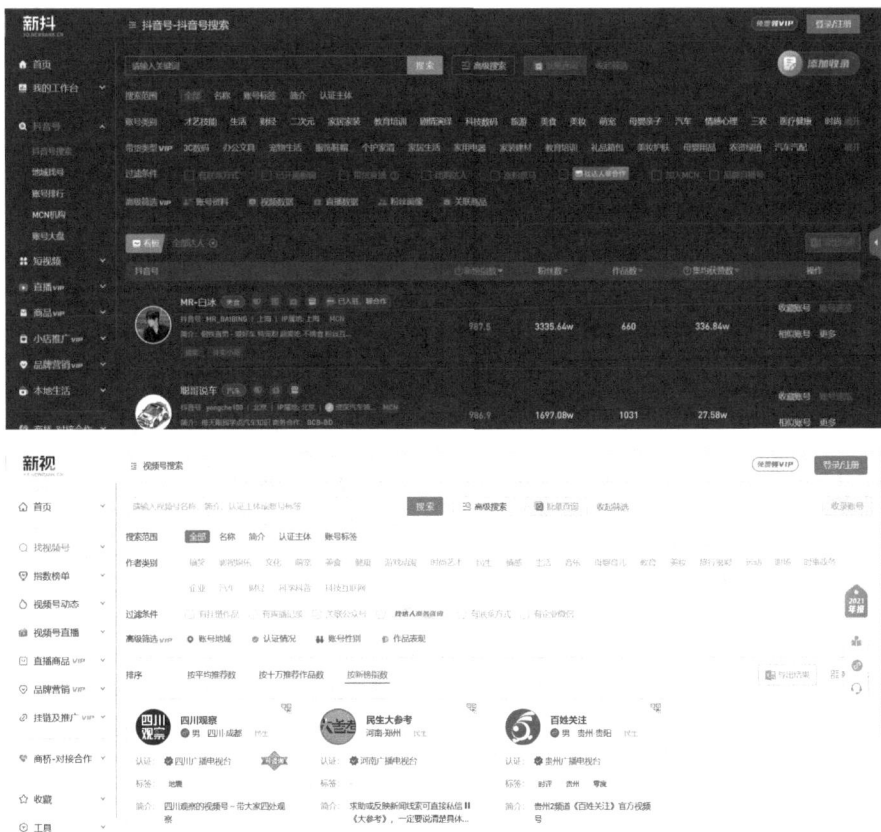

图 3-1

3.2.3　按照观众特点找定位

　　如果想吸引年轻人群体，就要持续发布年轻人喜欢的内容，如创业项目、职场规划等。拿年轻人喜爱的 B 站来说，很多"名场面""梗"都是这个平台特有的。如果没有观看过 B 站上大量的经典节目，普通人甚至看不懂节目在表达什么。这就是属于 B 站年轻用户的"圈层"文化。对于从小没有兄弟姐妹陪伴的独生子女，更多地会通过不同的"圈子"与更多志同道合的同龄人交流。未来这群人的圈层意识会越来越强。

按照观众特点定位账号，即**针对具体的"圈层"创作内容。你所选定的圈层越精准，观众的认同度就越高**。在这个过程中，要求创作者保持敏锐的洞察力，实时掌握甚至引领观众的喜好变化。

3.2.4　结合自身特点找定位

创作者可以将个人的独特优势，体现在账号定位上。有的人能歌善舞，有的人有搞笑天分，有的人不光长得像大明星还能模仿得惟妙惟肖……在定位账号时就可以参考自己独有的优势。了解自己有时候并不是一件容易的事情，我们常常会带着"滤镜"看待自己。

要想真正客观地挖掘自身特点，我这里有 3 个好用的方法：第一，思考自己做过哪些特别有成就感的事情；第二，用"盖洛普优势测试"来找到自己的性格优势；第三，多问问身边靠谱的前辈或朋友，自己有哪些亮点，在哪方面与众不同。

找到自己的亮点，然后通过内容创作去放大它。观众喜欢短视频的原因是它好玩、有趣、新鲜，能涨知识，所以在为账号定位时，要充分满足观众的这些心理。

3.3　以产品思维包装账号

用产品思维去做账号，才能获得更高的流量。

请考虑一个场景：以前还是在实体商店买衣服的时候，当你试穿满意并且付款后，你会让售货员为你找一套没有被其他顾客试穿过的新衣服。这是因为将没有包装并且被别人试穿过的衣服买回去，心里多多少少会有些不舒服。

消费者在选购商品时，很容易受到包装的影响。精致的包装可以极大地提高消费者的关注度，并降低消费者的决策成本，让人一看就有购买的冲动。同样，短视频账号也需要包装。

对于短视频创作者来说，要**从目标用户、需求、场景、体验、变现方式等维度来思考怎样做好一个短视频账号，而不只是把短视频发布出来。**

案例：读书类账号背后的产品思维

初为父母之人，往往缺少育儿经验，在养育子女的过程中会遇到诸多问题，从饮食问题，到健康问题，再到教育问题等，每一个都让人紧张。

想象一下，一位新爸爸上了一天班，回到家既要照顾妻儿，又要处理未完成的工作，还要学习繁杂的科学育儿知识。时间久了，精力被耗尽，家庭、事业都会受到影响。这样的问题困扰了大多数年轻的宝妈、宝爸。

为了解决他们的难题，读书类账号通常会通过讲解育儿书籍，让宝妈、宝爸只需要 40 到 60 分钟的通勤时间就能轻松地获取一本育儿书中的精华。

下面列出了我在运营读书类账号时运用的产品思维相关维度。

目标用户：30 到 40 岁的宝妈和宝爸。

需求：学习育儿知识。

场景：上下班通勤。

体验：40 到 60 分钟，听主播详尽讲解一本好书中的育儿知识。

变现方式：365 元 / 年的会员卡。

3.4　一分钟学会包装短视频账号

经过细致包装的账号，在视觉上会更显得"专业"，也更有机会在一瞬间吸引观众的注意力，从而让观众愿意关注，非常有利于提升观众从观看到关注的转化率。一个定位清晰的账号，需要从以下几个方面进行包装（见图 3-2）。

图 3-2

3.4.1 清晰的头像和形象

假如你创建了一个旅游主题的账号，可以在头像上体现出旅途的氛围感；如果你是一个搞笑高手，那么账号形象可以滑稽有趣；而美食节目创作者，可以用厨师装扮作为头像。

3.4.2 易识别的名字和身份标识

身份标识，能让观众在电光火石之间，不假思索地知道你是做什么的，比如故宫讲解员、电台主持人、初中数学老师、装修设计师等。减少观众的思考负担，是打造差异化的妙方。

3.4.3 真实可信的简介

简介撰写的要旨是突出自身的优势，如"某大学某专业毕业""培训过10000多名学生""周游过 50 个国家和地区"等。当然，优势绝对不能是杜撰出来的，必须是真实的，且**必须能够通过短视频内容呈现出来**。

3.4.4 统一的短视频首图

你所发布的每条短视频，一定要在首图上做到规范统一，并且让观众一看短视频标题，就能知道该短视频主要讲了什么内容。

3.5　形象与内容高度匹配的人设法则

不妨回想下面几个生活场景，是不是很熟悉或者经历过？

明明是当时不需要的东西，就因为自己看到了某条短视频，突然觉得有必要买回来试试；明明楼下超市就有新鲜又便宜的水果，但你还是会从网上购买，并且推荐给别人；明明就是同一个人发布的差别不大的视频，但就是能一直看下去。

这是什么原因呢？看完下面的案例你就明白了。

案例：走到镜头前的水果销售模式

以前，一个果园的主人要把苹果卖出去，要么是自己摆摊卖到本地，要么是由苹果经销商统一收购，再贩卖到其他地方。这个过程中，果园主人的收入有限，并且随着各类成本的增加，最终消费者购买的苹果价格比收购价高很多。

但现在通过短视频，果园主人光靠自己就可以卖掉比以往多得多的苹果。"天水的苹果，天水的人"这句话在抖音上很有名，你可能也在某时某刻"刷"到过。这个短视频的创作者用几乎一样的文案，通过在不同的场景拍摄，让很多人深深地记住了他卖苹果的视频，并且很多人通过他的购物链接购买苹果（见图 3-3）。

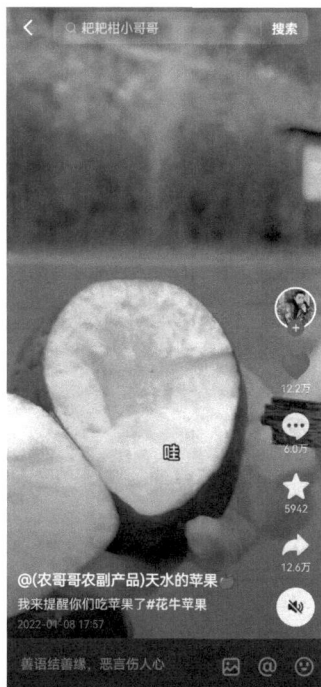

图 3-3

　　由此可见，通过短视频将商品反复展示，能够潜移默化地影响观众，刺激他们的购买欲望。而在这个过程中，"人设"这个非常重要的概念就会植入很多观众的大脑。

　　找准自己的形象定位，需要遵循接下来介绍的几条准则。

3.5.1　有辨识度的外形和个性

　　有辨识度的外形，可以让观众更容易记住你。但大多数普通人的外貌特征、习惯动作，并不能给观众留下记忆。此时，可以花点心思找出自己的特点：穿着有特色的衣服、使用标志性的语言、展示特别的道具或发型等，都是创造独有形象的好方法。比如，有一位创作者经营着一家专门售卖 20 世纪八九十年代零食的商店，他把这些零食拍成短视频发布到平台，吸引了大量中年人的关注（见图 3-4）。

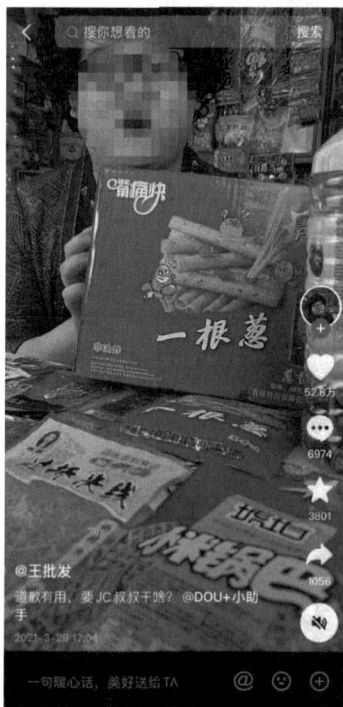

图 3-4

3.5.2　在自己的兴趣"主场"发掘观众的兴趣爱好

创作者最好选择自己感兴趣的方向，并且有一定的经验或阅历。如果不是自己的"主场"，你在创作时不仅会很累，还不能长久，甚至会出现明显的内容错误。另外，在确定形象时，一定要明确当前的形象可以满足什么类型的观众需求。

通过分析其他创作者的作品（如观众点赞、评论或转发多的视频）和分析自己的作品数据，可以找到观众更偏好的内容。

3.5.3 跟风模仿，找到特色才有效

简单地跟风模仿可以帮你在入行初期找到感觉并获得些许数据上的成就感，但要想走出自己的道路，光靠模仿可不现实。模仿他人的账号无法让你找到真正属于自己的特色，而且观众还会将你的作品与原作品进行比较，甚至会被打上没有创意、抄袭等标签，得不偿失。

3.5.4 形象包装要考虑可持续性

形象的包装要有可持续性，也就是在一开始就要想明白，这个形象是否能支撑住后续源源不断的新鲜内容。如果形象的包装过于受限，就无法长期而稳定地创作新作品，结果往往是昙花一现，很快就会被观众忘记。

案例：形象可以制造偏好

在"东方甄选"直播间，主播董宇辉一边卖牛排，一边教英文，成为东方甄选直播间较早火起来的主播。随后他的直播片段被剪成短视频，在多个社交平台传播。在他的直播间，不仅有层出不穷的成语，还有传统文化与生活哲学。观众最初是来买商品的，后来专为听讲知识而来。

这在一定程度上赋予了主播这个职业更加丰富的精神价值，也在一定程度上给已经固化的直播带货形式打开了新思路。而主播顿顿，长相英俊，女性观众缘较好，因此在直播间卖起了口红等女生喜欢的商品。

东方甄选的主播们有很多不同的形象，也满足找准形象定位的四条准则。

双语带货，边直播边上课，体现了有辨识度的个性；直播间的产品种类繁多，但主播都能深层次解读，发掘观众的兴趣爱好，满足观众的求知需求；丰富的知识输出，也使"东方甄选"找到了与同行的差异化并做出了自己的特色；而基于教育与知识的形象包装，让其具有了源源不断、取之不尽的话题来源。

3.5.5　简单易用的形象定位表

包装形象并不难，但千万不要过度表演，要做到自然、真实。

要塑造出令人过目不忘的形象，可以从口头禅、爱好、职业、场景、服饰、妆容、道具、历史事件等几个方面去包装。

形象定位表

下表列出了塑造账号形象的必要内容。在创建一个账号之初，就要想好这些形象包装的细节。试着填写第 2 列的内容，即可构建出你的短视频账号形象。

种类	内容	举例	注意
口头禅		例 1：哎呦，不错哦！ 例 2：想死你们了！	避免侮辱性、有歧义的口头禅
爱好		打篮球、打游戏、绘画等	避免展示具有危险性质的爱好
职业		教师、设计师等	避免不良的内容导向与影响
场景		老师在黑板前授课，设计师展示自己的工作屏幕等	避免场景与形象的身份不符
服饰＋妆容＋道具		健身主播身着运动服饰与配饰	避免使用敏感或会伤害他人感情的服饰、道具
历史事件		你曾做过哪些事，这件事对你的启发和影响等	避免不良的内容导向与影响

3.5.6　白、灰、黑，让你的形象更立体

塑造一个适宜的形象，可以非常有效地拉近创作者与观众的关系。专业短视频创作者会将账号形象分为白、灰、黑三个维度。"白"主要是指正面积极的形象；"灰"主要体现在接地气，与观众更亲近；"黑"则是在不违背常理的情况下，适当展示自己的不足，让自己的形象更生动（见图 3-5）。

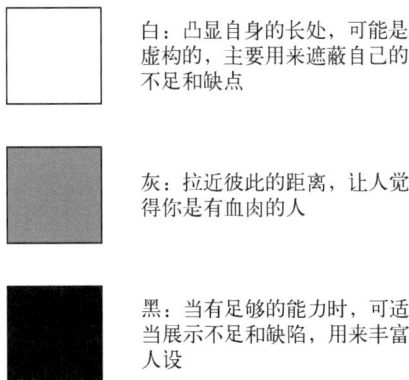

白：凸显自身的长处，可能是虚构的，主要用来遮蔽自己的不足和缺点

灰：拉近彼此的距离，让人觉得你是有血肉的人

黑：当有足够的能力时，可适当展示不足和缺陷，用来丰富人设

图 3-5

案例：合理展现不同形象

"大 LOGO 吃遍中国"是非常受观众欢迎的美食内容创作者。其早期的作品主要向观众展示某些奢华餐饮店的食品及消费情况，吸引了大批忠实粉丝。但是，他的首次直播却因为种种原因"翻车"了，没有获得良好的观众反馈。为此，他专门做了一个视频向观众诚恳道歉（黑色形象）。通过这个视频，他不仅获得了观众的谅解，还把危机转换成了机遇。

"给老 LOGO 煎和牛"这个视频中（见图 3-6），他不再是那个有着千万级粉丝的短视频明星，背景中老旧的沙发向观众传递了他也是普通人，有普通家庭的生活，从而拉近了与观众的距离（灰色形象）；而在某些地方遭遇灾难时，"大 LOGO 吃遍中国"则踊跃捐款，做公益，这就体现了其更为积极的一面（白色形象）。

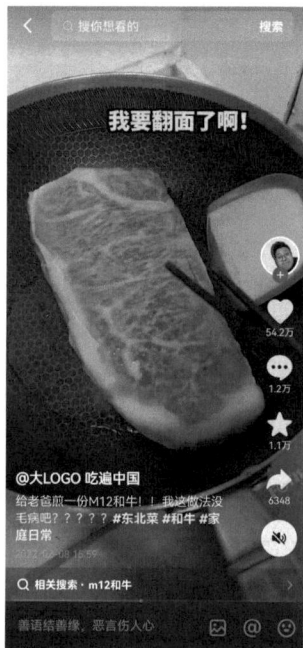

图 3-6

3.6　如何找准商业定位

开始创作短视频一段时间后，通常创作者会发现自己的作品存在内容单一的问题。此时，如果观众反响不佳，创作者就容易失去信心。比如，一个数学教师，除了讲授数学知识、考题解法，仿佛找不到更大的空间，更别说"出圈儿"（让关注其他行业或领域的观众注意到自己）。这样，就很难实现更高的商业化水平。因此，找准商业定位就显得尤为重要。

3.6.1　主题 A + 主题 B，流量不止翻倍

短视频账号的商业逻辑，可借鉴 A+B > 2 原则。

A+B > 2 原则，是经过大量实践检验，非常适合短视频账号流量快速增长的商业逻辑。它的意思是：如果账号的短视频以主题 A 为主要内容，并且创作者对主题 B 也有十足的把握，那么不妨将主题 A 和主题 B 进行合理的融合，形成新的内容主题，实现 A+B > 2 的效果。

假如你是一位物理老师，主要发布物理知识方面的短视频作品（主题 A），那么和物理实验（主题 B）相关的短视频相结合，就可以开创出"在实验中学物理"这一新"赛道"（商业中的常见说法，指主题或领域），使商业价值倍增。

> **案例：短视频账号商业逻辑分析**
>
> "料理猫王"是一个分享猫做饭的短视频账号。在一系列短视频中，这只猫主播会拿起厨具，烹饪出让人垂涎欲滴的饭菜。这个账号就是将宠物（主题 A）和美食（主题 B）相结合，实现了 A+B > 2 的效果（见图 3-7）。

　　同类的账号还有"小帅家的大狼狗们"。创作者有建筑设计专业背景，又喜欢养宠物，于是他结合了"宠物"（主题 A）和"建筑"（主题 B），通过为宠物建造房子的相关视频获取了非常大的流量（见图 3-8）。

图 3-7

图 3-8

3.6.2　屡试不爽的"九宫格"定位法

找准主赛道，再借助九宫格法发散，找到更多合适的赛道。

明确了 A+B > 2 原则，以此类推，还可以继续以主题 A 为核心，发散思路，找到主题 B，以及主题 C、D、E……

在我的实践过程中，九宫格法对于寻找新主题再好不过了。通常来说，穿搭、美食、宠物、健身、新闻等在各个平台上都是很有人气的内容赛道。

用九宫格法选赛道

九宫格法是我常用的选赛道利器。你可以根据需要，在九宫格中填入符合自己情况的内容。

先将主赛道填写在九宫格中间的位置。比如，如果你主要围绕"宠物"主题进行创作，那么就将"宠物"填入中间位置。

	宠物	

接着，你需要在"宠物"这一主题的基础上发散思维，找到可以与"宠物"内容相结合的主题，然后按照兴趣或者实现的难易程度依次排列剩余的赛道。如你懂建筑，可将宠物与建筑结合；懂穿搭，可将宠物与服装结合；喜欢旅游，可以通过带着宠物旅游，将宠物与旅游结合。

手工	穿搭	医疗
美食	宠物	健身
金融	新闻	汽车

需要注意的是，如果发现有不擅长的主题，或者无法结合的主题，直接将其划掉即可，这并不影响九宫格法的使用。

注意，当你使用九宫格时，并不需要局限于以上列举的主题或赛道，你还可以根据需要进行更为详细的拆分，但一定要选择可以与既定定位紧密结合且你能够掌控的方向，将九宫格做精、做专，最终实现 A+B > 2。

3.7　观众需求定位

除了账号定位、形象定位及商业定位外，创作者借助马斯洛需求模型，从观众需求角度出发寻求定位。

3.7.1　马斯洛需求层次理论

借助马斯洛需求层次理论，先找到观众的需求，再想办法满足需求。

马斯洛将人的需求分成了 5 个层次，从最基本的生存需求、安全需求，到社交需求、尊重需求及最高需求——自我实现（见图 3-9）。

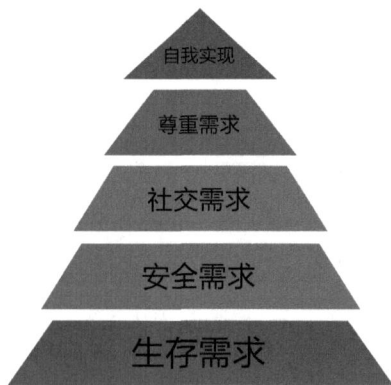

图 3-9

- 生存需求：让人远离死亡的进水、进食、睡眠和繁衍等都属于基本的生存需求。
- 安全需求：医疗、救助及对财产的保护等，都是人类对于安全的迫切需求。
- 社交需求：人类需要结识他人，并融入各种各样的群体。
- 尊重需求：获得他人的认同和尊敬。
- 自我实现：实现自己的目标或突破自身的潜能，并让自己不断成长。

在你使用九宫格法初步找准自己的赛道后，接下来就需要借助马斯洛需求层次理论找到目标人群的需求层面是什么。他们是关注季节流行病的预防与治疗？迫切需要掌握职场中的知识和技能？还是对旅行目的地的美食或风情感兴趣？我们要通过扎实的调研和分析，明确有待满足的观众需求，最终找到短视频账号的精准定位。

3.7.2　精准定位观众人群

挖掘需求，其实是各行各业中的基本工作，也是最难的工作之一，其方法可不是一本书就能讲完的。但是，需求定位的根本就是要"真"，千万不可自己欺骗自己，要用事实说话。

"完美日记"分享的化妆品价格便宜，她的观众大多是 20 至 30 岁的女性，其中很多人处于未婚状态；原"樊登读书"的听众大多是 30 至 45 岁的女性，她们相对成熟，大多数已经结婚且有一定的经济基础和购买能力……这类某些属性极为相似的人群，构成了一幅相对精准的人群画像。

我们按照年龄、性别、学历、地域、职业、婚姻状态等基础属性，甚至个人兴趣、购买行为等用户属性，将潜在用户分层（见图 3-10）。

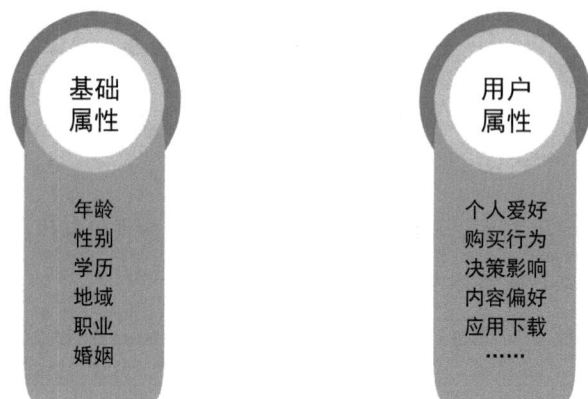

图 3-10

案例：短视频账号人群画像分析

如"料理猫王"这个账号，其定位的人群画像如下所示。

	属性类别	属性区间
基础属性	年龄	20 至 35 岁
	性别	女性
	学历	大专及以上
	地域	一二线城市为主，部分三线城市
	职业	公司职员为主
	婚姻状况	未婚或结婚不久
用户属性	个人兴趣	喜欢宠物、爱美食
	购买行为	喜欢购买零食与宠物食品
	决策影响	宠物是否可爱、画面是否精美
	内容偏好	美妆、宠物、旅游、美食
	应用下载	美妆类
	关注话题	娱乐、宠物、八卦

　　而"小帅家的大狼狗们"这个账号，其定位的人群主要是男性，人群画像如下所示。

	属性类别	属性区间
基础属性	年龄	20 至 35 岁
	性别	男性
	学历	大专以上
	地域	一二三线城市
	职业	建筑行业 / 公司职员
	婚姻状况	未婚或已婚
用户属性	个人兴趣	喜欢宠物、设计
	购买行为	——
	决策影响	是否实用、是否感兴趣
	内容偏好	宠物、旅游、建筑
	应用下载	——
	关注话题	新闻

　　同样，我们可以利用这个图表对自己的账号进行定位。

人群画像分析

针对自己的短视频账号，分析用户人群画像。

	属性类别	属性区间
基础属性	年龄	
	性别	
	学历	
	地域	
	职业	
	婚姻状况	

	属性类别	属性区间 （续）
用户属性	个人兴趣	
	购买行为	
	决策影响	
	内容偏好	
	应用下载	
	关注话题	

3.8　拆解和分析优质账号

要持续地将短视频定位做得精准，就要懂得向优质短视频账号学习——对其进行拆解。拆解后再深入分析，才能学到他人成功的本质，弥补自身的不足。

3.8.1　拆解用户数据

当我们初步找准定位后，就要找到与自己定位类似的优秀账号，了解其粉丝数据。在"巨量星图"平台，我们可以看到对标的创作者的粉丝数据，如性别比例及年龄分布这类关键信息（见图 3-11）。

注意，各平台的数据分析功能入口有所不同，读者可根据自己想做的平台寻找相应网站。

在图 3-11 中，从男性用户 80% 和女性用户 20% 的占比可以看出，此账号显然要将男性作为目标人群，在短视频的内容主题上，也更偏向于男性关心的内容。

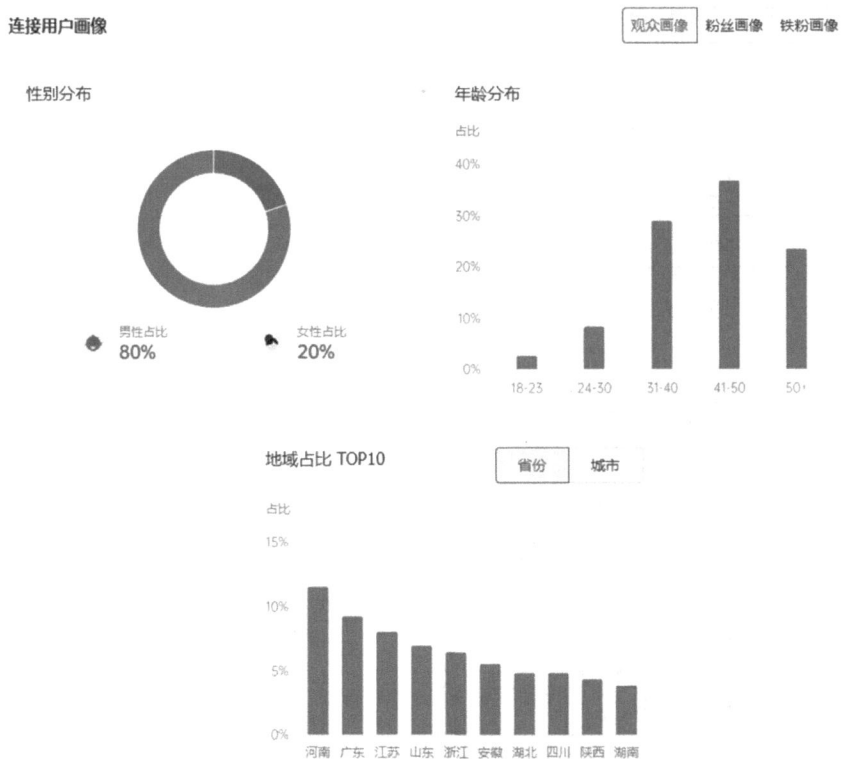

连接用户画像

观众画像 粉丝画像 铁粉画像

性别分布

男性占比
80%

女性占比
20%

年龄分布

占比

地域占比 TOP10

省份 城市

占比

图 3-11

通过对粉丝年龄数据的拆解，可以看出 31 至 50 岁的关注者（观众）较多。这个年龄段的观众大多已经结婚，并且有了孩子，因此他们会关心职场、教育、家庭、汽车等内容。为此，创作者就可以将中年男性观众作为核心用户，深入调研和思考什么样的内容能引起这个人群的共鸣。

3.8.2 案例：拆解短视频内容

下面我们以原"大又元"的一则短视频作品为例，介绍新手如何通过拆解高手的短视频作品进行学习（见图 3-12）。

图 3-12

　　短视频是一种视听语言，因此，在创作短视频时，每一个视听元素都显得尤为重要。

　　这则短视频的标题是"救援搁浅鲸，逆天改命的奇迹"，概括了本条短视频的主要内容，也是短视觉视觉的一部分，作用是与观众产生共鸣，并且在深色背景和黄色文字的对比下，让观众能更直接地看到标题。

　　文案，要与视频内容深度契合，才能促使观众进行点赞、评论和转发。

　　点赞、评论、收藏和转发，显示了观众对于这条视频的认可程度。

　　关于如何提高评论率、激发用户评论等内容，会在之后的章节中讲解。

3.9 在短视频中植入超级符号

超级符号是一个易记忆、易传播的符号，它来源于大众已经认知的信息，包含视觉、听觉、嗅觉、味觉、触觉等多种方式。

简单来讲，红绿灯就是一种超级符号。使用这个超级符号，可以给观众指引行动，如红灯停、绿灯行。引申来说，无论是实体的还是虚拟的，很多按钮都会用红、绿两种颜色表示，红色表示关闭、绿色表示打开。

在短视频创作中，合理运用视觉、听觉、嗅觉、味觉、触觉中的超级符号，会大大提升传播的效果。

- 视觉：品牌标志就是最显而易见的视觉符号。
- 听觉：QQ 好友上线的声音、微信收到消息的提示音等。
- 嗅觉：商场中的香水味道、甜品店飘出的奶香味等。
- 味觉：蛋挞、奶油、火锅等不同的味道。
- 触觉：光滑的玻璃手机外壳等。

在短视频中，嗅觉、味觉和触觉无法直接被观众体验到，因此我们主要依靠视觉和听觉创建超级符号，具体的形式有以下 4 种。

- 标志性的台词不断重复，如"天水的苹果，天水的人"等。
- 设计标志性动作，如"手指点头""摇动脖子"等。
- 人物外形，如"永远揭不开的面具""满头银发"等。
- 使用道具，如视频中均出现的同一辆车、手里拿着同一物品等。

注意：超级符号用于吸引观众，起到的是锦上添花的作用，切记不要使用那些违背常理、道德和法律的符号。

案例：利用"黄色衣服"打造超级符号

....

某创作者在作品中一直穿着黄色衣服，因此这件黄色衣服就成了超级符号。观众一看到这个人的作品，就会立刻想到他标志性的黄色衣服；看到黄色的衣服，甚至在其他创作者的视频中看到相似的黄色衣服，也能想到这个人（见图 3-13）。

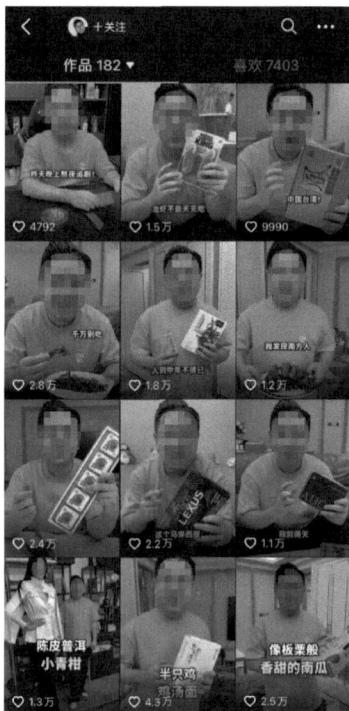

图 3-13

3.10　提升账号商业价值的三级跳

了解账号定位、形象包装、商业定位后，就需要明确如何利用自己的账号创造商业价值。这几乎是专业短视频创作者的必经之路。

3.10.1　常见的商业变现模式

主流的短视频商业模式有：广告、直播带货、咨询、短视频带货。

- 广告，是最显而易见的商业变现模式之一。创作者在短视频内容中直截了当地或以软文形式植入产品信息。需要注意的是，广告视频要有足够的创意，利益点明确，才能达成效果。当然，要想广告奏效，前提是账号要有足够多、足够精准的粉丝。这样才会有更多的广告主来联系创作者。
- 当创作者有了一定数量的粉丝，创作者就可以通过直播的形式卖货变现。
- 咨询，是指当创作者用自己的短视频证明了自身的专业能力后，观众会请求创作者提供咨询服务。通过实践与积累，咨询这一块可以有很大的收益空间。
- 短视频带货，主要是通过在短视频中添加商品（如书籍、食品、日用品等）的购物链接，引导观众通过点击链接来购买商品。

此外，运营视频号的创作者，也可以通过社群实现变现，即将短视频和直播的流量引入社群，不断地积累用户，从而实现复购（但这不是本书介绍的重点）。

3.10.2　账号商业价值的三个层次

从卖实际商品，到创造个人品牌，再到实现思想传播，虽然不能说哪种账号变现方式更"高级"，但卖商品的收益更加具体和可量化，而个人品牌甚至思想带来的价值回馈更有想象的空间。在实际操作中，它们之间也并非是相互矛盾的，而是相互支持的，可以实现更多变现的可能。理想状态是通过创建和用户相关的内容，让用户记住，并持续吸引用户购买。

下面我们抛开具体而繁杂的账号做法，来看看这三个层次的账号价值是如何体现的。

- 卖商品：短视频平台为以卖货为主的创作者提供了不限量的货架。"牛丸安口"（现"打丸哥官方旗舰店"）在我看来称得上"最牛"短视频带货博主。此账号创作者从 2020 年 6 月开始上传作品，平均每天上传 250 个作品（到我写作本书之时，就已经有了 2300 个视频）。每一条短视频都是围绕着"牛肉丸"来做产品展示的（见图 3-14）。

- 打造品牌："醉鹅娘小酒馆"是抖音平台酒品行业知名创作者，观众通过她的作品了解红酒文化，后来她自己独立孵化出一个红酒品牌；通过自己的个人魅力和专业知识吸引了一大批铁粉。她的人设更像是身边一个"懂酒的朋友"，因此粉丝消费欲望非常强，她也就成了抖音上的带货强人（见图 3-15）。

- 传播思想：思想可以"超越时空"影响世人。这就是思想的力量。当你提出了一个或多个深入人心的思想或观点，就达到了商业定位的至高境界（见图 3-16）。比如，以前对于益生菌本没什么需求的观众，可能会因为尹烨对于生命科学的讲解而购买华大集团研发的益生菌产品。这是一个典型的由思想和知识带动商业发展的案例。

图 3-14

图 3-15

图 3-16

　　总之，对于专业短视频创作者来说，只有了解账号定位、形象包装和商业定位，并且能够利用自己的账号创造商业价值，才能够在这个竞争激烈的行业中脱颖而出，走向成功。因此，无论你已经是一名专业短视频创作者，还是想要成为一名短视频创作者，都应该牢记这条必经之路，不断努力，不断提升自己的技能和能力，才能够实现自己的目标和梦想。

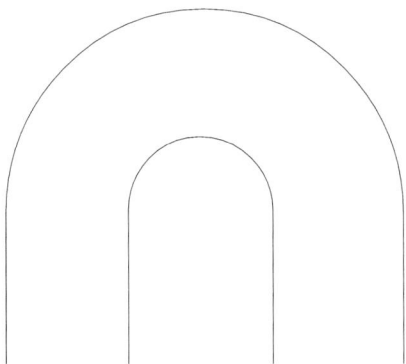

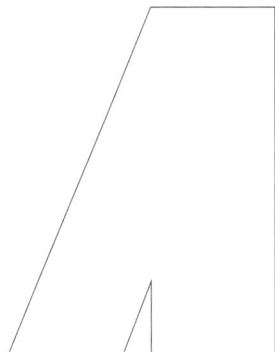

第 4 章 内容制胜
——短视频创作思路与流程详解

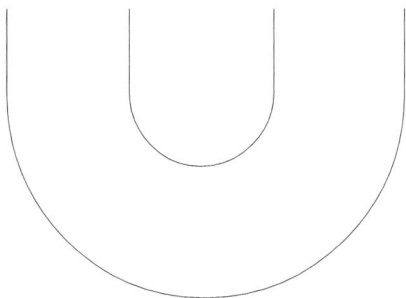

人人都讲"内容为王"，但短视频内容创作的本质是什么？优秀的创作离不开"灵感"，但只依赖灵感而没有具体的方法和体系，创作者不久就会陷入瓶颈。

如果说精准的定位是做短视频的根基，那么对内容的斟酌就是创作者能否成功的关键。

选题策划、素材整理、找到对标账号、标题设计，是发布短视频之前的专业化流程。将这几项工作做好，你的作品就有机会成为爆款。本章将从实战的角度出发，为你解读短视频创作的整个流程中的关键点。

4.1　高手常用的内容策略

要想做好短视频，内容的选择就要相对多元化，因为单一类型的内容无法获得平台的支持，会让你的作品陷入流量瓶颈。专业短视频创作者们的作品看似千变万化，但他们常用的内容策略有以下几种。

4.1.1　热点型——表达观点与态度

热点对账号流量有非常大的加持作用。

几乎每一天，社会上都会出现各种"热点"或者"热搜"，人们或主动或被动地接受这些信息，因此"蹭热点"是短视频运营中最常用的内容策略之一。一般来说，在紧贴热点创作短视频时，需要结合自身账号的特色，做出个性鲜明、创意独特的内容。

"蹭热点"对每个创作者都是耳熟能详的词语，但是具体应该怎么"蹭"，很多人都会陷入误区，盲目跟风，最后的流量效果反而很差。其实，最简单的做法，就是在源素材（需要来源可靠）的基础上，加上自己的独到见解和想法，将热点话题合理利用，发挥其最大价值。

紧贴热点的短视频需要紧紧围绕热点事件、热点人物、具有热点性质的时间和具有热度的社会背景来进行创作。

- 对该热点事件进行评论：对热点事件本身进行思考并给出自己的评论。对于具有争议的内容，创作者要懂得倾听观众的不同想法，切勿为了攫取流量而故意给出有悖事理、法律法规、平台规则的评论。

- 根据该热点涉及的人物创作内容：出现热点后，根据该热点涉及的人物，从讲事实、分析原因、总结感受、预测影响等角度创作内容。比如"东方甄选"直播间跨界火爆，随之而来的是众多创作者围绕"东方甄选"俞敏洪的创业故事进行了不同角度的解读，进而获得了比平时更大的流量。注意，内容创作依然要实事求是，不可误导观众。

- 围绕具有热点性质的时间进行创作：每个公司的营销部都应该有一本自己的"营销日历"，上面记录了一年中的各个关键日期。其中既有传统节假日，也有符合自身营销需要的特定关键日，比如"人类第一次进入太空""世界地球日""世界无车日"。

- 基于具有热度的社会背景进行创作：流量破亿的大爆款，一般都会有一个大的社会背景，这个背景能够显著带动短视频的流量。比如"人生的转折是工作态度"这条短视频（2.3 亿次播放），当时流量暴增的背景是，大家对于工作要不要"躺平"这个话题进行了非常大范围的讨论。

最后需要注意的是，虽然紧贴热点的内容策略可以获得一定的流量与曝光，但如果短视频账号频繁蹭热点或只依赖热点，就会让观众感觉乏味，更糟的是，对短视频账号的好感度会下降。

4.1.2　干货型——输出实用内容

"干货"型短视频最主要的目的是为观众提供实实在在的解决方案，借此提升账号的含金量。因此，创作者要坚持一个宗旨：不管讲的是什么，都一定要言之有物，对观众有帮助。同时创作者也要注意，如果一段短视频里的知识点太多，内容和观点不易理解，用词也过于刁钻，内容的可读性就会随之降低。

4.1.3　攻略型——提供利益点

攻略型短视频，常用于旅行与美食分享等领域。其文案结构为：直奔主题（框定观众人群）+ 详细过程 + 利益点。

案例：攻略型短视频

....

在这条短视频中，创作者记录了自己在北京旅游的全过程，并且梳理了其中适合亲子共玩的游乐项目。当系统识别出"带娃"这个关键词时，就会将这条短视频优先推荐给那些想带孩子来北京玩的潜在观众（见图 4-1）。

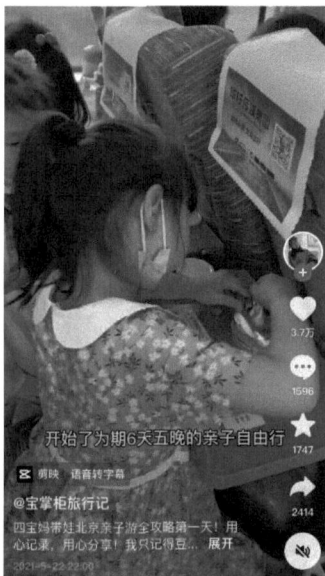

图 4-1

4.1.4　科普型——传播靠谱的知识

科普，是比较常见的知识类短视频类型。它可以为观众讲解生活知识或各行各业的专业知识。

案例：科普型短视频

"天才艺"在其短视频"时尚圈中的蓝血、红血品牌到底都是什么？"中，给观众解读了什么是蓝血品牌和红血品牌。两类品牌看上去更像两个"阵营"，进而激发了观众的讨论（见图4-2）。

图 4-2

4.1.5　故事型——引人入胜的意境

世间每个角落的每个人，都有自己的"语言"和"故事"。通过讲好故事，可以将观众领进一个你所塑造的意境之中，从而实现精准筛选粉丝的效果。

案例：故事型短视频

"老九故事会"收集了来自不同地区、不同民族的传统故事，这些故事不仅仅富有想象力和趣味性，而且还反映了我们祖先的生活、信仰和价值观。通过这些故事，我们可以更好地理解和感受历史和文化的多样性（见图 4-3）。

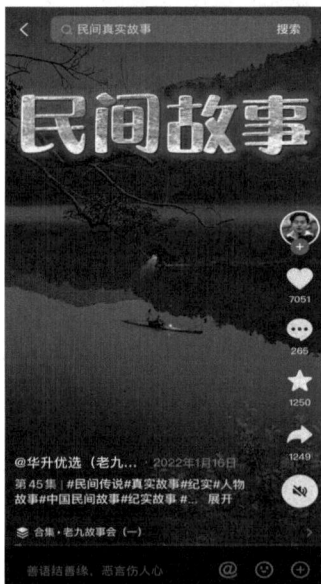

图 4-3

4.1.6 槽点型——利用失误吸引观众互动

"槽点"是指能引起观众表达欲望的内容。其中一些"槽点"是创作者不经意的失误，而有经验的创作者会刻意设计"槽点"供观众发泄。这种或被动或主动呈现在观众面前的槽点，会引起观众的共鸣，使其当机立断地进行关注、点赞、评论等操作。这类短视频获得大流量的机会也比较大。

案例：因"槽点"引发观众狂欢

一个女孩在直播中声情并茂地介绍一种味道奇特的黑蒜：有着栗子的口感，还有保健的功效。在介绍完后她便准备打开尝试一番。谁知在刚打开包装后，她就被黑蒜的气味熏得频频失态，但无奈正在直播，她只能拿起一颗黑蒜放入嘴里，咬了几口，结果挑战还是失败。因此，网友贴心地给她取了一个外号"黑蒜姐"。

视频一经发布，很快就爆红全网。很多网友在黑蒜姐的视频下留了有趣的评论（见图 4-4）。甚至有些网友想尝一下黑蒜到底是什么味道，便购买了黑蒜。

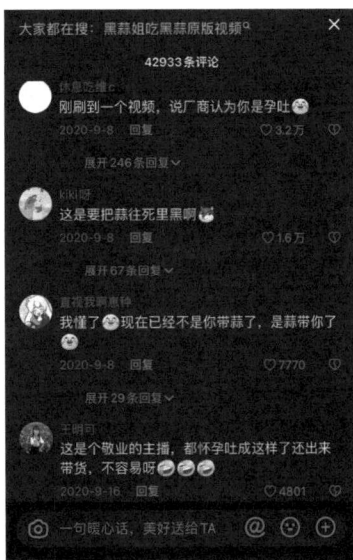

图 4-4

需要注意的是，"槽点"虽然可以引来流量，但如果你是知识或者文化教育方向的创作者，一定要谨慎。短视频平台有很多未成年观众，创作者若故意写错字或者表达消极的观点，对观众、平台以及自身，都会产生负面的影响。

4.1.7　圈层型——引发集体共鸣

"圈层时代"的到来，要求短视频内容更加垂直和细分。创作者不仅需要对观众年龄、性别、学历、消费习惯有深刻的认知，而且要深入圈层文化，才能引发特定集体的共鸣。

使用方言等作为短视频的配音，可以自然地引起该地区观众的注意。但在引发共鸣后，如何将观众转化为粉丝也是十分重要的。比如，有一个广东美食博主，她的账号专门售卖煲汤的食材。为了突出特色，其作品内容全部使用粤语讲解。她曾经问过一个特别有代表性的问题："为啥我的作品流量很好，但是涨粉却很难？"

原因很简单，作品流量好，是因为广东省的人口基数大，但粤语与普通话差别明显，其他地方的观众不容易听懂。

遇到这样的问题，这里给大家一个小妙招：在短视频中同时使用普通话和方言就可以了。这样既能吸引方言区的观众，又让其他观众可以听得懂。不过，在使用方言的部分，创作者一定要把字幕做清晰（见图 4-5）。

图 4-5

4.1.8　爆款公式

真正让创作者实现"从 0 到 1"的，就是某条爆款短视频。

许多短视频账号的粉丝积累，都来源于自己的某个爆款作品。因此，花大精力去推广爆款，让爆款短视频更加火爆，能达到事半功倍的效果。创作者不要期待每条视频都会火爆，因为这几乎是不可能的。在保证作品质量的前提下，利用少数爆款短视频去带动账号的整体流量，就可以获得粉丝的增长。

真正让创作者实现"从 0 到 1"的，就是某条爆款短视频，而对那些数据表现不佳的作品，往往不用刻意投入太大的精力使其"起死回生"。那么，怎样才能做出爆款视频呢？采用科学的方法并且持之以恒，才是做出爆款短视频的基本逻辑。

（垂类内容 + 当下热点 + 圈层共鸣）× 算法

将垂类内容与当下热点结合，再有算法的加持，就有大概率做出爆款短视频。

- 垂类内容：是创作者对这个行业的理解能力，以及个人思想的深度。
- 当下热点：整个平台的风向以及社会的媒体环境。
- 圈层共鸣：一个行业、一个区域、一个圈层独有的内容和语言。
- 算法：关于算法话题，详见第 2 章。

可以说，以上 4 个要素是让作品形成影响力的关键。只要创作者掌握了这个爆款公式，并在实践中反复总结，就可以让自己实现"从 0 到 1"的蜕变。

4.2　素材库的搭建、素材的搜集和加工

把大象装到冰箱一共需要几步？很多人都知道答案：打开冰箱门；把大象放进冰箱；关上冰箱门。但这些操作的前提是你要有一头大象。同样，对于短视频创作者，拥有"大象"是前提。

4.2.1　搭建自己的素材库

素材库是短视频创作者在平时"一点一滴"积累而成的。就像作文写得好的学生，他们都善于积累，懂得留意和记录"金句"。当有需要时，他们就可以随时运用到自己的作文中。

做短视频也是同样的道理，只有头脑和存档中的素材足够多，才能在创作中游刃有余、恰到好处地利用这些资源。那么，怎么才能高效合理地构建自己的素材库呢？

搭建一个成体系的素材库

不积跬步无以至千里，素材库不是一朝一夕就能建立起来的，不仅要持之以恒，还要根据一定的逻辑进行分类，比如经典的图标、图片、表情包素材库，音乐素材库，视频素材库，甚至其他账号发布的能为我所用的视频库（需核实版权，不可未经授权使用）。

百度网盘、印象笔记都可以用于组织素材。将素材分门别类地放在命名不同的文件夹内，如图片文件夹、图标文件夹、音乐文件夹、视频文件夹等。注意，不建议将素材放到手机中，毕竟手机容量有限，并且有不可预测的风险。

养成备份的习惯

如果不知道该给短视频配什么风格的背景音乐，也就是我们常说的BGM，或者说脑海里有一段合适的 BGM，但苦于不知道音乐的名称，找不到该音乐，此时可以搜索"全球热门音乐""抖音热门音乐"等。经常看短视频的观众都知道，视频下方右侧有个收藏按钮。当你遇到好的素材时，可以直接点击这个按钮，收藏该视频。

但当你收藏的素材越来越多，再想快速找到其中的某个素材就不容易了。如果原作者将作品删除，或你自己不小心把该素材删除了，就彻底找不到这个素材了。因此，收集素材时一定不要只收藏，而要将素材下载下来，并定时整理归类。

案例：下载无水印短视频

在抖音中下载视频后，会发现下面的视频画面，视频结尾也会显示抖音的水印（见图 4-6）。

这一点要特别注意，因为把包含抖音水印的短视频发布到视频号，会导致视频流量被限制。反之，如果把带有视频号水印的短视频发布到抖音，也会被限流。那么，如何消除平台水印呢（以抖音为例）？

（1）点击抖音视频中的"分享"按钮，然后可以看到"复制链接"按钮，点击该按钮复制短视频链接（见图 4-7）。

图 4-6

（2）打开微信，搜索"去水印"小程序，在显示的结果中选择某款能去除水印的小程序（见图 4-8）。

（3）将复制的抖音链接粘贴到小程序中，依次单击"去水印""保存到手机"，就可以下载没有水印的短视频了（见图 4-9）。

| 图 4-7 | 图 4-8 | 图 4-9 |

试试在抖音上选择一个喜欢的短视频，将其处理为无水印视频。

4.2.2　好素材从哪儿找

积累素材的方法：搜索、垂直领域搜集、用户征集、日常积累。

为短视频寻找选题时，需要灵感，但灵感是一种不确定的因素，不是说有就有的。当创作者没有灵感时，可以通过 4 种方法获取创作思路。

- **搜索**

比如，分享奢侈品知识的创作者，可以在搜索引擎中搜索"法国著名奢侈品牌有哪些"，找到合适的搜索结果后，就可以将其作为选题素材（见图 4-10）。

图 4-10

同样的道理，儿童心理学知识的创作者，可以在短视频平台上搜索"儿童心理学"（见图 4-11）；旅游内容的创作者，可以搜索"旅游攻略"关键词（见图 4-12）。

抖音、小红书、B 站等平台上有很多优秀的短视频。搜索各种关键词，并把这些搜索结果添加到素材库中，就完成了素材积累的第一步。这种素材与选题的契合度是非常高的。

图 4-11

图 4-12

- **从热门话题中找选题**

在"今日热榜"网站，可以查看知乎、微博、微信、澎湃、百度、今日头条等平台的热门话题。

每天抽出一段时间查看"今日热榜"，找到感兴趣或与自己的创作赛道相关的内容时，就可以将其放进素材库中，这几乎应该是创作者每日的常规动作。

每一个领域都有自己的垂类平台，比如，要想了解年轻人喜爱的潮玩或潮流运动，可以去"得物"查看；想要了解汽车行业的最新动态，可以关注"懂车帝"等平台；财经创作者则要实时追踪"第一财经"发布的热点。

此时，素材和选题就能相辅相成，不需要你刻意绞尽脑汁去考虑选题。很多短视频创作者遇到的最大难题之一就是"今天拍什么"，而专业的短视频运营团队可以做到"信手拈来"，这就得益于平日的素材积累。

试试在"今日热榜"网站查看今日热门信息。

切记不要通过长时间刷抖音、刷快手的形式获取素材，因为平台会给你打上标签，推荐你喜欢的内容，让你深陷信息茧房。要想获得客观的参考信息，就要去短视频工作者常用的数据平台查看观众关注的内容。

- **向观众征集素材**

当你发布了一些作品后，就会获得一些观众的关注。观众会通过评论、私信向你反馈他们的想法，这些想法都可以作为素材放入你的素材库。

健身类内容创作者经常会遇到观众问"近十年体重一直增加，肚子大，减重困难，遇到各种问题，要怎么办"这类的问题。为此，创作者就可以通过短视频帮助观众分析实际问题，结合真实案例，给出专业的解决方案，这时候就能吸引更多有同类困扰的观众。

了解观众的需求与痛点，将观众的困惑作为创作素材的重要来源，就能源源不断地找到选题。

- **及时记录灵感**

在日常生活中，创作者要养成随时随地记录事件与感悟的习惯。不管是看电影，看书，还是做其他事情时，我们都可能会灵光一闪，并且此时的分享欲是最强的。然而灵感稍纵即逝，这时需要马上通过文字或影音工具记录下来，类似的积累往往更容易引发观众的共鸣。

4.2.3　专业短视频运营这样加工素材

感受 + 故事 + 金句

每当你收集了一个故事，就要写出自己的感悟，再加上一些金句。经过日积月累，不论是创作短视频，还是直播口述，这些高品质素材都可以随时拿出来，让你一鸣惊人。

俗话说"外行看热闹,内行看门道"。在你浏览短视频时,短视频平台会推荐你感兴趣的内容,让你着迷。如果你主动去积累素材,长此以往,你就塑造了一副"骨架"(内容框架与结构),然后不断填充"肌肉"(具体内容),使整体(账号)更丰满。

案例:感人故事

2017年,音乐人"三亩地"收到了一位名叫"城南花已开"的粉丝的私信。这位粉丝说自己已是骨癌晚期,希望"三亩地"能够以他的账号ID"城南花已开"为名,创作一首歌曲。

"三亩地"被深深地触动了,希望能够鼓励"城南花已开"。随即他便创作出了与粉丝账号ID同名的歌曲《城南花已开》,并且用"城南花已开"的头像作为这首歌的播放封面。

歌曲发布后,粉丝"城南花已开"在这首歌的评论区和自己的主页更新最近的治疗与健康动态。他的故事也打动了许多观众,大家纷纷为他加油打气。同时,他乐观的态度也感染了很多与他有相同处境的人。

一年后,"城南花已开"的家人登录了他的账号,带来了不幸的消息。此后每一年清明节前后,仍会有大批观众来到歌曲评论区纪念和问候"城南花已开"。

在这个案例中,给音乐加上感悟和金句,就可以形成一条短视频,如下所示。

- 感悟:"城南花已开"虽然走了,但他的故事却能让更多人感受到活着的美好。面对逆境,也会有更多人选择积极面对、迎难而上。

这首歌曲也成了许多人的"树洞",人们在评论区留言诉说自己的心事,彼此鼓励。大家都愿意以一种积极、乐观的心态去面对命运的挑战。

- 金句:请你好好生活,别辜负自己;城南花开,城北花落,城东日升,城西日落。

没有太多写作经验的创作者,既可以通过搜索网站寻找真实感人的故事,也可以搜集书中、电影中的故事。金句则可以在抖音"文案馆"的搜索结果中查找能够打动自己的文案,最后融入自己的感悟,并记录下来。

4.3 跟优秀同行学做选题

4.3.1 明确对标账号

现代创新理论的提出者约瑟夫·熊彼特说过:创新即"生产要素的重新组合"。实现创新,就是把"旧要素"进行拆解,然后重新匹配形成"新组合"(大意)。

如果新手不知如何起步,那么不妨先从模仿开始,找到与自己的目标领域相同,并且已经做得比较成熟的账号。

找到对标账号后,可以保存其主页截图、视频封面截图,并下载其视频,认真研究其文案、文字排版设计等可见的优势。除此以外,我们从对标账号的作品评论中还可以收集粉丝的评价，找到观众的关注点，这些对自己以后的选题都会有帮助。

研究的对标账号越多，做出爆款视频的成功率就越高。需要注意的是，每个领域的账号风格不同，在收集账号的时候，要进行分类，尤其是不同时期的账号。

举个例子，有些账号在 2018 年、2019 年时涨粉的速度快，但到了今天，再拿来借鉴，参考意义就没那么大了，因为时代不同了且平台运营策略在多年来都发生了很大的变化。因此，在寻找对标账号的时候，尽量选择近期表现优异的账号。

飞瓜数据、蝉妈妈、新榜、百准数据，都是帮助你寻找对标账号的平台。需要注意的是，虽然这几个平台中的很多功能都需要付费才能使用，但其基础功能就能满足寻找对标账号的需求。此外，你还可以通过这几个平台查看垂类数据、变现方式等。

"巨量星图"也是一款查看短视频达人数据的工具。你可以在此查看各个垂类达人的广告收费标准，以此作为变现参考（见图 4-13）。

透过数字了解巨量星图

累积入驻达人
150w+

图 4-13

案例：寻找对标账号

"特别乌啦啦"和"大 LOGO 吃遍中国"都是美食、探店类账号。"大 LOGO 吃遍中国"通常探访的是"高大上"的餐厅，食材珍贵、烹饪考究、环境优雅，价格也相对昂贵。其创作的短视频作品已经得到很多观众的认同。而"特别乌啦啦"主要探访街边小店，菜品价格实惠，就餐环境也千差万别。

细细观察对比就会发现，两个账号发布的作品的结构是很相似的，"特别乌啦啦"作为新近的账号，在作品结构上与"大 LOGO 吃遍中国"很类似。无论是刻意学习，还是"英雄所见略同"，这种美食分享的内容结构，都让"特别乌啦啦"也成了美食领域的达人。

就像我们之前提过的，做短视频的核心理念是：先做正确，再找差异。切记，不要抄袭别人的短视频，否则很容易被平台限制流量，也难以长久发展。因此，创作者要有从借鉴到超越的目标。

4.3.2 找到信息差

做信息的"搬运工"，用其他平台来获取信息差。

每个人掌握的信息量是不对等的。简单来说，你知道的信息，别人不一定知道，这就是信息差。短视频平台有很多，不同平台间会形成信息差。创作者在某个平台获取信息，再把信息分享到其他平台，就能实现引流。这就需要创作者具备识别出在其他平台没有的信息的能力。

原"樊登读书"经常会分享人生哲理。这些内容来自图书，创作者通过短视频讲给观众听，如果观众恰好没有听过这些内容，就形成了创作者与观众的信息差。

如果想做读书类型的视频号（基于微信），可以将视频号中优秀的读书账号作为对标账号，经过吸收与创新，再去抖音、快手、小红书等平台利用信息差获得流量。同理，如果你的主阵地在抖音，就需要在抖音上找到对标账号，然后在视频号、快手、小红书等平台获得流量。

4.3.3　选题好不好，六个维度就能确定

有用、有关、有趣、时效、猎奇、争议。

从个人经验来看，做选题要遵循六个重要的原则：有用、有关、有趣、时效、猎奇、争议（见图 4-14）。"六维选题法"可以作为你衡量选题的一把尺子。如果你要创作的内容满足两个或更多的原则，这个选题就值得做。

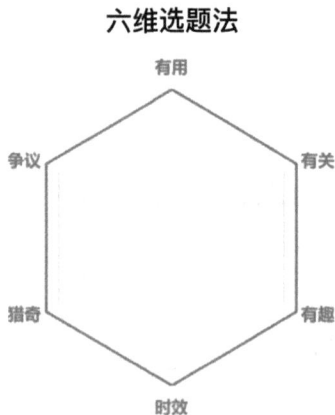

六维选题法

图 4-14

案例：旅游选题分析

利用前面章节提到的九宫格，旅游主题可以与科普、亲子、历史、滑雪、露营、美食、宠物及徒步这些主题相结合。

科普	亲子	历史
滑雪	旅游	露营
美食	宠物	徒步

如果想进一步创作"带娃来京5天4晚旅游攻略"，那么"旅游+亲子"这类选题就符合"有用""有关"这两个维度。

案例：发声选题分析

"发声"这种专业技巧类短视频，可以与搞笑、明星、说话、兼职、唱歌、方言、发音技巧及艺考这些主题相结合。

搞笑	明星	说话
兼职	发声	唱歌
方言	发音技巧	艺考

如果你想以"播音员接到诈骗电话"为题创作短视频，那么"发声+搞笑"这类选题就符合"猎奇""有趣"这两个维度。

使用九宫格和六维选题法，你能做什么选题？选择一个主赛道，使用九宫格和六维选题法分析你想做的选题符合哪些维度。

4.4　好标题速成法

标题是短视频给观众的第一印象。好的标题能立马吸引观众的注意，让他们迫不及待地想看其中的内容。标题写得好，流量少不了。

一分钟就能写好一个足够专业的标题。

短视频获取的流量多少，与标题密切相关。我们在长期实践中，总结了写好标题的常用方法。

4.4.1　真诚法

把观众当成自己的朋友，坦诚相待。比如，"我的抑郁症让我看清了社会真相""被裁员的日子有多痛苦"将创作者真实的自己展现出来，放低姿态和观众交心，会让观众感到真诚。过于粉饰自我，反而无法打动人心。

4.4.2　痛点法

痛点通常源于一个人的害怕、恐惧，以及没有获得满足的需求。比如，将标题由"学美声都要会的腹式呼吸法"改为"唱歌跑调，40 秒教你腹式呼吸法"会获得更好的效果，因为"唱歌跑调"就是许多观众的痛点。再比如，很多人出门前经常找不到钥匙，而解决方法就是做好小物件的收纳。如果把标题写成"小物件的收纳"，效果可能一般，因为这个标题没有突出重点，而若将标题换成"治愈出门找不到钥匙的你"，就会将观众的范围扩大，从而获得更多的流量。

4.4.3 "恐吓"法

"恐吓"是说服的艺术，能触发观众的情绪。恐吓法主要是把坏结果作为构思的出发点，虽然没有点明具体的坏结果，但看到标题的观众内心却可以感受到后果的严重性，比如"面试居然因为这个细节没拿到 offer""酒桌上这一句话就能让你错失机会"就有如此效果。这里要注意的是，标题不能过于危言耸听，否则会让人生厌。

4.4.4 特写法

好的摄影作品都需要突出重点，想要做好短视频，内容也一定要有所侧重，并且要将其突出在标题上，给它特写，这才会给观众留下深刻的印象。例如标题"北京 6 天 5 晚的游玩攻略"，针对的是所有来北京旅游的观众，而改成"北京 6 天 5 晚带娃游玩攻略"后，就聚焦到了带娃出行的宝妈和宝爸群体。

这里的要点是，不要试图在标题上追求大而全，而是要追求精准。未来短视频的市场一定会朝着行业细分方向发展。

4.4.5 拔高法

相信大家都听过"世界那么大，我想去看看"这句话。仔细想想，为什么这句话能够成为网络的热门话题，就是因为创作者给观众提供了一个更高的视角。

4.4.6 推动法

推动法会让观众产生"迫切感"，让其觉得如果不看就会错过重要信息，比如"马上花一分钟，赶走你的腰间赘肉"。

4.4.7　不可思议法

人对不可思议的事情有着与生俱来的兴趣，当看到超乎想象的标题时，总想着点进去看看内容是否真如标题所写，如"一种糖醋汁竟然能配 20 道菜""10 元竟能做一顿丰盛的晚饭"。

4.4.8　早知道法

用"提早、预知、预见、抢先、早一点知道"等词语，达到让未来提前到来的效果，比如"春天减肥法，夏天穿裙子""演唱会还没开始，所有观众就沸腾了"等。

4.4.9　正面激励法

这类标题采用的是正面激励，让观众感觉行动的门槛并不高，而且还不会花太多时间。公式是"这样做＋你也可以"。比如观众一直想学印尼炒饭，可总觉得烦琐费时，便迟迟没有行动，当他看到标题为"3 分钟你也能学会这道喷香扑鼻的印尼炒饭"的短视频时，他会觉得这件事情并没有那么困难，进而打开视频进行学习。

4.4.10　知音法

这类标题主要是用知音的句式进行询问，如"会不会觉得自己的腰不够细呢？""只有 1000 元，小长假去哪儿玩更开心呢？"。

4.4.11　认同法

这类标题主要运用社会认同感。当观众看到某事情在社会上得到普遍认可时，他们也会在心底里接受这个事情，例如"世界三大潮鞋，你也来试试？""韩国美妆 NO.1 的口红，好美"等。这种方法的要点在于，创作者可以进行适当的主观构造。

4.4.12　悄悄话法

这类标题可以拉近与观众的距离，让事情看起来更重要，因为秘密和内幕永远是观众喜闻乐见的，比如"嘘，偷偷告诉你怎么做出更好吃的蛋挞""这个方法不要告诉别人，一会儿就删掉"。

4.4.13　得到法

这类标题会清楚地告诉用户，看完视频他们将会得到什么，例如"让你迷倒众生的 10 分钟芒果妆""此汤一出，男友必哭"。

4.4.14　从众法

这类标题利用的是群体说服，让观众感觉到大家都喜欢或都在做这件事情，比如"30 万粉丝都入手的一件毛衣""宿舍女生几乎都有的小摆件"等。

4.4.15　数字法

这类标题可以引起观众的求知欲，迫不及待地想看看数字背后的内容，比如"人生 12 法则""关于幸福的 10 个误解"等。

4.4.16　选择法

这类标题主要用来增强观众的代入感。当观众看到短视频标题，便想点开视频，看看自己的答案与短视频所给的是否相同，比如"下面三首求婚歌曲，你会选哪首""你最喜欢在哪里工作"等。

4.4.17　比较法

这类标题更加突出对比性，例如"小阳台凭什么比大花园更雅致""减肚子为什么 10 分钟比半小时管用"等。

4.4.18　解决方案法

这类标题适合帮助观众解决问题。观众照着你的方法做，可以直接达到某种目的。例如"如何在办公桌前明目张胆练肌肉""如何调整 PDF 中的字体和字号"等。

最后总结一下，以上方法不光可以单独使用，还可以结合使用。现在就来试试吧！

4.5 好标题里有情绪

很多短视频标题显得平淡，主要原因是标题没有让观众产生共鸣。要找准这个点，就需要站在观众的角度去看问题，直击观众内心。不能让观众在一秒内看明白的标题，就不适合传播，并不是观众理解不了，而是他们只会给你一秒钟。

4.5.1 求"速成"的情绪

"一分钟搞定英语的八大时态""干货！10个标题模板帮你打造爆款视频""学会这3招，让你变身Excel高手"，这些充满利益点的标题，既能引起观众的好奇心，又能调动观众求"速成"的心态。

要写好这类标题，得从目标观众人群的定位出发，分析观众各个维度的特点，提炼出观众的底层需求，再利用短视频有针对性地给出能令观众心动的利益点。

4.5.2 恐惧的情绪

"不吃主食的危害""熬夜的危害""五大让人致病的食物"等标题，都是中老年观众较为关心的话题。在创作这类短视频时，要有权威的研究成果与数据来源，以事实为依据，绝不可以没有根据地胡编乱造。

4.5.3 同情的情绪

"越懂事越没人心疼""喜欢和爱的区别""网友无意拍到外卖小哥，让人瞬间泪目"，这类标题可以瞬间引发观众的思考、反思、回忆，从而让创作者与观众产生情感上的连接，触发观众的转发与评论。

要采用这类标题，需要创作者对观众的心理洞察得极为准确。不同的社会群体、不同的年龄层都有不同的共鸣。

4.6 标题要避免的"雷区"

- 生僻词语：影响观众的理解，不利于平台推荐。
- 暴力低俗：标题含有暴力、低俗词语，很难通过审核。
- 字数过多：标题以 15 至 20 字为宜，字数太多会影响观看体验。
- 缩写：专有名词的缩写会导致内容的推荐量和点击量降低。
- 极限词："最""第一"等类似的词语，很难通过审核。
- 敏感词：平台敏感词可以直接在网上查询，禁止使用。

4.7 BGM 的魔力

短视频的背景音乐（也就是内行人说的"BGM"）具有非常强的情绪渲染能力，与视频内容契合度高的音乐往往会让短视频的点赞率大幅度提高。

好的音乐是短视频内容最重要的组成元素之一。

许多歌曲因为某个热门视频成为当下流行的音乐。反之，若音乐用得好，也可以使短视频成为爆款。

当我们随便打开一条短视频，只要听到其中的音乐，就可以大概猜出来这是哪一类视频，比如搞笑类、故事类或新闻类。换句话来说，我们可以用音乐叫醒观众的耳朵，用音乐来讲故事。

很多热门的短视频都配有一段余音绕梁的 BGM，且一旦某段 BGM 爆火，就会被很多创作者运用到自己的作品中。

案例：靠 BGM 带火短视频

在"CC 雨涵"的一条视频中，她留着干净利落的齐肩发，画着淡雅的妆容，一袭红衣坐在沙发上给小辈们发红包，每给一个红包都露出了优雅温婉的笑容。整个视频没有一句台词，只有一句文案"我家那个不婚主义的小姨过年回来发红包了"，再加上《若把你》这首歌曲作为背景音乐，两天时间竟在抖音获赞超千万。

对于专业创作者而言，BGM 的选取是一件"讲究"的事情。

BGM 对于不同种类的短视频有着不一样的意义。所以在音乐的选择上，应该注意以下两点。

4.7.1　BGM 是为内容服务的

想要把短视频做出彩，就要充分利用音乐的感染力。然而，无论 BGM 有多脍炙人口，其本质仍然是为短视频内容服务。如果一段 BGM 的风格过于强烈，表达的内容过于突出，那么短视频的光芒很容易被掩盖。

BGM 是服务于视频内容的，要与内容融为一体，恰到好处，对短视频整体起到画龙点睛的作用，同时帮助调动观众的情绪。如果是口播短视频，则更要注意不要让 BGM 的音量盖过主播的音量。

4.7.2　音乐要与视频节奏保持一致

一般来说，除了剧情类短视频外，其他短视频的节奏，大多是由 BGM 带动的，因此，与短视频内容契合度高的 BGM，会让短视频看起来更和谐，更有代入感。

在为短视频配 BGM 时，应该先对短视频内容进行大致的梳理，明确短视频的整体调性、高潮点、转折点，以及确定在哪里切入 BGM，在哪里只播放视频原声。在对整体节奏有了基本的把控后，再根据节奏去寻找合适的配乐，然后将 BGM 与短视频内容对应起来，使得二者在节奏上互相契合。

最后提醒一下，短视频的风格多种多样，所以在选择 BGM 时需要把握好情感调性，不要在严肃、悲伤的短视频里运用欢快的音乐，否则肯定适得其反。

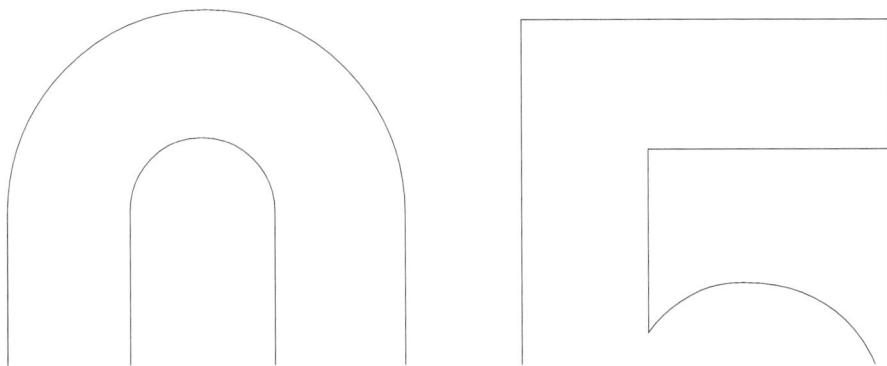

第 5 章　好文案，如何好

——出手成章的金律与技巧

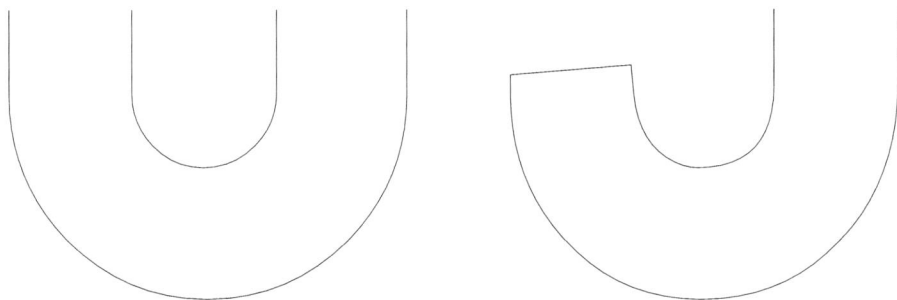

文案是短视频中极为重要的部分。好文案能够显著提升点赞率、完播率，以及观众的付费欲望。标题写得再好，如果内容不能牢牢地吸引观众，也无济于事，观众会马上把你"划走"。

其实，对于如何写好内容，我认为光凭这一本书很难讲清楚。本章会重点针对短视频的特点，有的放矢地介绍如何写好一篇能在短时间吸引观众且令人回味无穷的文案。通过反反复复的刻意练习，以及对每一次实践的复盘与改进，相信你也能很快写出这样的文案。

5.1   好文案的精髓

5.1.1   尊重常识

所谓"太阳底下无新事"，作家非常擅长把过去经历过的事，重新组合成新的故事。即便是《三体》这样伟大的科幻小说，也和刘慈欣的经历分不开。刘慈欣是一名工程师，他非常关注物理和宇宙方面的研究，由衷的热爱使得他积累了非常多的物理与宇宙知识，这是他成为一名优秀的科幻小说作家所必须具备的前提条件。

所以好的作品总能给人一种"意料之外，情理之中"的感觉。而很多人在创作短视频文案时经常喜欢颠覆常识，观众听得云里雾里，这样的作品自然不会获得什么好的反响。

5.1.2   通俗易懂

原"樊登读书"App 注册用户突破 6000 万。为什么樊登老师讲书如此受欢迎？只要听过樊登讲书的就明白了。无论是上了年纪的老人，还是刚刚懂事的小学生，都能很轻松地理解书中的要点。一个人把一件简单的事情讲复杂并不难，难的是把复杂的事情讲简单，这需要大量的思考和智慧，更离不开常年的训练。

5.1.3   连贯通畅

好的短视频内容从头到尾如丝般顺滑，第一秒就能吸引观众注意力，内容随之展开，逻辑清晰，环环相扣，中途没有任何卡顿感和"出戏"的地方。

5.1.4　视听统一

短视频是一种视听语言。当一条短视频呈现在观众的视野时，每一个视觉要素都会影响观众的心理。单条字幕尽量不要超过 15 个字，音效要恰到好处，不能喧宾夺主，贴纸等特效也不要抢戏。这样做的目的只有一个，即让观众沉浸在你创作的内容里。

5.1.5　制造沟通感

很多创作者会在短视频中习惯性地说教，实际上观众是非常不喜欢这种口吻的。"你听懂了吗？""你搞清楚了吗？"这种居高临下的口吻是大忌，往往因为这种口吻，观众直接划走你的短视频。在短视频中要注重"沟通感"，就像与熟悉的人聊天一样，时刻营造让观众感到舒适的氛围。忘记自己是一个创作者，把自己想象成观众！

5.1.6　给予思维

成功的短视频文案不仅会留住观众，还能巧妙地在观众心中"种下一颗种子"。现在的观众，对于传统的广告可以说毫无耐心。传统广告形式的内容多数情况下会被观众快速划走。相比之下，"广告即内容"就有截然不同的效果。我们要让一条短视频实现预期的广告效果，就需要让观众觉得它不是广告。

其中的核心是，创作者要思考自己的短视频能给观众带来什么，基于"给予思维"的短视频才能获得流量。

5.1.7　情绪变化

好的作品最终一定会引起观众的情绪变化。如果观众对于一条短视频没有任何感觉，甚至没有任何想说点什么的欲望，那么这条短视频注定无法得到多少流量。创作者应该以每 5 秒为一个单位，思考观众在这段时间内情绪会发生什么变化，以及是否愿意说点什么。

5.2　黄金三秒写作法

写作文案之前，你要明白，短视频观众的普遍特点是："一秒不合"就（把短视频）划走。

因此，我们需要顺着这个逻辑来进行写作。

***

开头要"抓"人。

***

相声一直是人们喜闻乐见的表演形式，但为什么把整段的相声做成视频，就不对劲了呢？

你想想自己浏览短视频时，是不是只要开头一两秒没有吸引到你，你的大拇指马上就会划上去？从相声演员上台到抛出第一个"包袱"，几十秒甚至几分钟都过去了，所以完整的相声在短视频爆火的概率是比较低的。通常，创作者会把最有趣的片段剪辑到开头，以此吸引观众的注意力。

短视频开头的"黄金三秒"最重要，这意味着你必须在三秒之内吸引住观众。从目前来看，短视频的节奏越来越快，同质化内容越来越多，观众的注意力越来越稀缺，因此我认为黄金时间也就是三秒甚至更短。

　　我接触过的很多创作者，经常说自己的短视频都破不了 500（次）播放。我看了看他们的作品，有的人一上来就做自我介绍，"哈喽，大家好，我是……"光是这一段就花了好几秒。观众已经习惯了短视频平台的快节奏，在看到这个自我介绍后，压根儿就不再有耐心等到你精心创作的主要内容了。

　　接下来，我将介绍一些经过实战验证的有效方法，帮助你抓住观众。

5.2.1　爆点前置

　　找出整段内容中最有吸引力的一个画面，将其剪辑到开场。这种方法常体现在课程切片、直播切片、故事切片和活动切片中。

- 案例："运营没有提醒，惹怒老罗在直播间发彪""欧阳春晓魔鬼瘦背。"

5.2.2　提出问题

　　问题有时只是为了吸引人，不一定真的是为了解决问题。犀利的提问，有时候有奇效。

- 案例："你知道全国哪个城市的面条最有特色吗？"

5.2.3　突出数字

　　数字很直观，观众很敏感，数字的对比能吸引观众的注意力。

- 案例："从年级 100 名，到年级第 4 名，开学这四步，甩开 90% 的同学。"

5.2.4　结果对比

对比有很多种，如结果对比、内外对比、参照物对比等。

- 案例："为什么你精心写的文章没人看，而别人随手就能写出'10 万 +'。"

5.2.5　小投入，大回报

这个方法结合了"突出数字"和"结果对比"的用法。

- 案例："3 分钟教你背课文提速 50%。"

5.2.6　PK 模式

PK 模式进一步放大了对比的效果。不管将谁和谁对比，都能涵盖两类甚至更多的潜在观众。需要注意的是，利用 PK 模式创作，并不是要分出两方的高下，而是突出各自的特色，更不要有歧视性内容。

- 案例："咸粽子，甜粽子，哪种口味才好吃？"

5.2.7　一劳永逸

一次性彻底解决问题能给观众带来强烈的收获感和价值感。

- 案例："一张图看懂《流浪地球 2》的人物关系？"

5.2.8　善用成语

恰到好处的成语能为短视频增色不少。

- 案例："让你出口成章的 3 个演讲技巧。"

5.2.9　古今名言

之所以是名言，是因为它经历了时间的考验，打动了一代又一代的人。用在短视频开篇，能给予观众震撼或感动。

- 案例："大江东去，浪淘尽，千古风流人物。"

5.2.10　热词连线

热词相较普通的用词，可以显著吸引流量，比如，可以将两个或更多的热词合理地结合起来用在短视频的开篇文案中。

- 案例："我没有惹你们任何人，我不要你觉得，我要我觉得。"

5.2.11　发出警告

"小心""意外""危险""警惕""离谱"等，都是日常生活中特别"扎眼"的字眼，能够引起观众的重视，

- 案例："危险！这两种食物一起吃，会中毒！"

5.2.12　细节引导

"仔细看""注意看"等，是引起观众好奇的一个非常隐藏且好用的技巧。

- 案例："注意看这个女孩的左手。"或"仔细看，这个男孩叫小帅。"

5.2.13　点出目标人群

只要点出目标人群，不管讲什么内容，目标人群都会停留，给你表演的机会。

- 案例："计算机系大一新生必读书单！""所有程序员在评论区集合。"

5.2.14　点出痛点 / 场景 / 状态

一旦在开篇切中观众的痛点，他就会停留观看后续的内容。经典句式为"你是不是……"

- 案例："你是不是也不知怎样批量修改表格数据？""马上 3 月还不知道去哪旅游？"

5.2.15　真诚法

站在观众的角度，说出观众的疑惑和心声，增加亲近感和真诚感。

- 案例："我知道你们担心我们家的牛肉不够新鲜。""只有买过我家的老粉才知道。"

5.2.16　颠覆性观点

基于真实情况，传达不为大众所知的知识。

- 案例："想吃东西，居然是因为它""饿肚子不能变苗条，还会损害你的大脑。"

5.2.17 扎心的观点

一句话扎到目标观众心窝里，引起观众的沉思、反思和共鸣。

- 案例："自律是这个世界上最大的骗局""年初的计划你实现了吗？为什么你总不能坚持！"

5.2.18 万能三段式

"框定目标观众"＋"突出核心观点"＋"引导观众行动"是极为常用的开篇文案模式，适用范围很广。

- 案例："新手一定要知道的 3 个爆款文案公式，直接套用就可以！""那些苗条女孩都在用的减肥食谱，想瘦就直接收藏。"

注意：与标题不同，短视频的黄金三秒，需要更加注重和观众的"对话感"。如果黄金三秒和标题搭配得当，能实现 1+1>2 的效果。

5.3 用文案营造氛围

我们经常会评论一个短视频的文案有"代入感"。所谓代入感，就是通过文字营造出一个场景，让观众仿佛身临其境。

"枯藤老树昏鸦，小桥流水人家，古道西风瘦马，夕阳西下，断肠人在天涯。"描写了一个天涯过客、孤独旅人漂泊远方的萧瑟场景，甚至让人"脑补"出了真实的画面。这就是用文字塑造的场景。

营造好场景，可以起到两个非常重要的作用：一是唤起观众情绪，比如看到月圆自然会想到团圆；二是让观众产生更深刻的记忆，尤其是情境式记忆。人的记忆能力可以分为机械式记忆和情境式记忆。我们通常说的"死记硬背"就是机械式记忆。随着年龄的增长，人的机械式记忆能力会下降。

我们平时生活的记忆，大多是由场景中的各种片段和细节组成的。比如你可能记不清上学时发生的所有事情，但却清楚地记得教学楼长什么样，操场有几个门。

怎样才能用文字塑造场景，写出能够让观众唤醒情境式记忆的短视频文案呢？

5.3.1　定位清晰

你首先要清楚地知道自己的作品是给谁看的，要对观众的年龄、职业、身份、收入、价值观、偏好等有足够的了解。列一个表格，把每一项都填写出来。

了解了目标观众后就容易"见人说人话"。如果你所传达的信息，无法与目标观众相匹配，那么这个短视频从一开始就是失败的。

"定位清晰"可不是什么大道理或废话，因为即便你认为已经定位足够精准了，但是观众的诉求是极其细微的，在某些情况下还会存在"鄙视链"。就好比游戏迷，通常对"手机游戏""主机游戏""网络游戏"等不同平台游戏有着不同的偏好。就游戏内容类型而言，喜欢玩临场感十足的 FPS（主视角射击）游戏的玩家，可能对啰哩吧嗦的日式 RPG（角色扮演）游戏嗤之以鼻。

5.3.2　细节拉满

在短视频的文案中，细节描写是十分重要的。例如最近大火的文案，"你要写浪漫，就不能只写浪漫，要写细雨朦胧中偏向她的水墨伞，要写十五月光下两束目光的无声交织，要写一封封书信所堆满的柜子，要写漫天飞雪中相赠的腊梅，要写落日余晖，写两人慢慢贴近的影子……"

5.3.3　情景重现

画面与文字将某个场景重现，是令观众"身临其境"和"触景生情"的创作手段。"东方甄选"主播董宇辉的高光时刻相信大家仍然历历在目：

你玩了一整晚回来，妈妈看你玩得太累了，锅里煮出了自己家摘出来的玉米，香气扑鼻……所以如果我们说要找到美食的话，美食的背后一定是情感的链接……那时候你爸妈身体还很健康，他们年轻，平安喜乐，爷爷奶奶也陪在你身边，你其实不是想玉米，你是想当年的自己啊……

看到这里，我也不必再去解读什么了……

5.3.4　场景绑定

如果你想写一条有关看世界杯的文案，就不能只写"今晚很开心，可以和朋友一起看世界杯"。因为在大家的印象里，世界杯和炸鸡啤酒最为般配，所以若改为"灵魂搭配，炸鸡啤酒世界杯，今晚快乐也加倍！"，场景氛围就有了，表达效果也随之增强了。这就是通过了一句文案和生活场景做了绑定。

5.4　讲好故事并不难

我们从小听过许许多多的故事，如《孔融让梨》《小红帽和大灰狼》等。故事的本质是传递观点和想法，并在潜移默化中影响他人。我们每个人内心深处都有讲故事的冲动。学会讲故事，尤其是在有限的篇幅内讲出一则引人入胜的故事，也是创作者迈向成熟的关键。

我们在讲故事之前最重要的还是思考：我的故事要给谁听。虽然人人都爱听故事，但是男人爱听的故事和女人爱听的故事不同，老人爱听的故事和小孩爱听的故事也不同。

故事虽短，五脏俱全。

写好一个故事，需要做好以下几件事。

5.4.1 明确主题

选择一个有意义的主题，确定故事的核心内容。故事的主题尽量是大众所接受的，例如爱情、友情、冒险等。由于短视频时长较短，主题应选择简洁明了的，让观众易于产生情感上的共鸣。

5.4.2 塑造人物

为故事中的主要人物赋予生动的个性和情感，以便让读者与他们产生共鸣并产生情感联系。著名的编剧罗伯特·麦基说过："人是一个正在进化的发展中作品，人物是一个已经完成的表演中的作品。"一个人物的塑造通常分为两个方面：外部和内部。外部是可观察到的特征，比如年龄、性别、衣着、家庭条件，等等，内部通常是这个人物的价值观和深层动机。另外，人物不代表角色，一个人物可以扮演很多个角色。比如，一个人物可以同时是外卖员、父亲、儿子，等等。在短视频中，因为时间较短，所以要迅速地强调人物特性、定位人物角色，从而引起观众的兴趣。

5.4.3 构建情节

一个没有情节的故事是不存在的。情节可以更好地将观众代入故事。短视频的情节需要紧凑而且有逻辑性。通过安排人物之间的冲突、对话和事件,创造出吸引人的故事情节。

情节构建需要理解以下原则。

第一,情节始于人物,必须和设定的角色相符。

第二,情节重视动作,一个符合人设的动作可以让观众对于视频中的人物的印象更加深刻。

第三,场景是情节的"佐料",比如,一个男孩在篮球馆打篮球和在废弃工厂里打篮球,是完全不同的两种故事情节。

5.4.4 撰写脚本

根据故事情节写出脚本,包括角色的台词、拍摄场景、音乐、音效等。文字编辑和编剧在工作上是有一定差别的。编剧需要让文字有更强的画面感。而短视频遵循流量逻辑,一般以"流量思维"为核心,脚本可以起到规划和统筹的作用。

特别提醒:有些创作者经常会描述一些有关自身感受的内容,试图通过对环境细节的描写,突出人物形象。但是,创作者和观众之间存在着信息差,有些过于细碎的内容,会让观众不知所云。

举个例子,拍摄时的你身在三亚,感受海风、蓝天、白云带来的惬意,而这种来自现场的感受,在变成视频后会大打折扣。适当的细节可以加分,但过多的细节,反而会让观众走神,甚至划走。

5.5　金句是怎么诞生的

一篇文案中最具冲击力或极具感染力的句子，我们称其为"金句"。这样的文案通常朗朗上口，有记忆点，因此在短视频中是引导观众点赞、转发和评论的利器。

金句有两个特点：一是短促有力，字数一般为 10 至 20 个；二是蕴含哲理，能一针见血地指出事情的意义、性质，从而与观众产生共鸣。将以下介绍的方法运用在我们的日常创作中，可以让你金句频出。

5.5.1　名言的合理改编

樊登老师曾经讲过一个故事。

有一次杨振宁回母校，看到校门口挂着的一幅横幅上写道："书山有路勤为径，学海无涯苦作舟"。杨振宁坚持把它拿下来。校长提议让杨振宁重新提一幅对联。杨振宁写道："书山有路勤为径，学海无涯乐作舟。"将"苦"改成了"乐"，仅仅一字之差，就体现了培养学习兴趣的重要性。

同样，"兄弟同心，其利断金"改为"夫妻同心，其利断金"，也是对名言的合理改写，与原文并不冲突。

丰田汽车有个广告文案参考了名句"车到山前必有路，船到桥头自然直"。不过，它只保留了前半句，后半句被替换为"有路就有丰田车"，暗示丰田产品广受全世界消费者欢迎。

5.5.2　颠倒模式

前后两句话的词语几乎相同，只是前后顺序改变，读起来朗朗上口，有节奏感。例如"当你凝视深渊时，深渊也在凝视你。"这种 ABBA 的句子结构，就叫做"回环"。使用"回环"的句子结构工整，容易引发思考。

其实，很多我们耳熟能详的名句，都是回环结构，如"不是因为寂寞才想你，而是因为想你才寂寞。""人类必须终结战争，否则战争就会终结人类。""不要问你的国家能为你做什么，要问你能为你的国家做什么。""给岁月以文明，而不是给文明以岁月。"

5.5.3　押韵

金句之所以打动人心，是因为语言也可以像音乐一样动听。押韵可以直接"攻击"我们的朗读通路，让本就"洗脑"的金句更上一层楼。我们小时候能够轻易地背诵一篇古诗，是因为语言有了韵律后，更能激发人们的记忆能力。你肯定听过家里老人说过"人是铁饭是钢，一顿不吃饿得慌"；你也肯定在不经意间看到过"只怕一生碌碌无为，还说平凡难能可贵"。押韵金句的特点在于朗朗上口，很容易记忆，容易成为短视频创作者的"超级符号"。

5.5.4　重复

重复的逻辑比较简单，即相同或者相似的词，在同一句话或者前后两句话中出现了两次以上。重复的创作技巧在文案中比较常见。因为汉字在不同的语境下有不同的解读，因此通常还会搭配使用双关的修辞方法。根据文案中有意重复的词语类型，有 3 种主要的创作形式。

- 名词重复：重复使用的词语具有名词性质，可以是专有名词也可以是普通名词。该词语在文案中应作为关键字。比如"老板电器"的文案"老板当然买老板了"，重复使用了人物专有名词"老板"，同时运用了双关的修辞。后一个"老板"特指品牌，暗指成功人士都选择老板电器。

- 副词重复：起到描写或修饰作用的词语被重复使用，以强调某种性质、状态、特征或属性。比如"蚂蚁金服"的平面广告文案"每个认真生活的人都值得被认真对待。"

- 动词重复：用来表示动作的词汇被重复使用，往往带有极强的画面感。比如"脑白金"的广告文案"今年过节不收礼，收礼只收脑白金"这条刻进了我们 DNA 的金句，不仅使用了重复，而且用到了顶真的修辞手法，因其上句结尾与下句的开头使用相同的"收礼"二字，凸显了脑白金礼品的定位策略。

5.5.5　双生结构

双生的特点是：两个句子的前半部分基本相同，后半部分是不一样的。如"有多少事跑赢了时光，有多少事弄丢了对方。""有多少人衣锦还乡，又有多少人放弃梦想？"。这种 ABAC 的句子结构，外形大致相同，结尾却有差异。通过强烈的对比，打动人心，观众或能感同身受。

5.5.6　下定义结构

用简洁、明确、具象化的语言重新概括事物本质，如"最好的学区房，是家里的书房。"

5.6　爆款短视频文案结构模型

根据我对众多爆款短视频的观察和分析，发现它们的结构都有一定的规律，我将其称为模型。在合适的场景使用恰当的模型，效果都不会差。

短视频中有一个普遍应用且有效的"黄金结构"模型，也就是短视频开头先用吸引人驻足的文案抓住观众，接着展开内容，最后总结与升华。这种模型几乎可以套用在任何内容上。在其基础上，你可以进行发挥与创造，找到适合自己的文案结构模型。

5.6.1　火车头模型

火车头模型是"黄金结构"模型的升级版。它是最普适的一种文案结构，特别适合没有经验的创作者拿来练习和使用。

火车头模型 = 黄金 3 秒（吸引注意）+ 白金 10 秒（和观众制造连接）+ 爆点（持续吸引）+ 爆点 / 反转（持续吸引）+ 结尾总结。

具体的创作步骤如下。

- 第一步：先找出目标观众可能感兴趣的话题。
- 第二步：找出话题中和观众相关的信息，加以描述。
- 第三步：制造爆点或反转持续吸引注意力。
- 第四步：引导关注或售卖。

火车头模型的重点在于中间的爆点 / 反转植入不要过于生硬，而要像火车的车厢，环环相扣。

案例：火车头模型

....

"主持人桑桑"在"万万没想到，这个行业要变天了"这条短视频中的文案是这样设计的。

开头先说"万万没想到，又有一个行业要变天了"，吸引观众注意力。接着用"如果你从事这个行业，看完这个视频，能让你躲过一劫"构建起相关性。然后，通过提问"什么是无水洗车？"的方式，引起观众好奇心，持续吸引观众看下去。再提到"以后上门洗车就像点外卖一样方便"，做营销铺垫。最后通过"抓住风口"等话术引导精准观众关注平台加盟。

5.6.2 争议模型

有些短视频下面的评论寥寥无几，而有些短视频的评论区则存在非常热烈的讨论，后者往往是因为存在有一定争议的内容。在这里，我们需要理解什么是"部落效应"。在现实生活中，人们会不知不觉地将自己归为某个团体，通过发表评论的方式，和另外一个团体对抗，这就是"部落效应"。

争议模型 = 制造"部落冲突" + 不同特点对比 + 引导观众发表观点。

争议模型的重点在于：制造"部落冲突"，但是不要轻易给出结论，而是引导观众在评论区讨论。如果主播下了结论，就很容易把冲突引到自己身上，而这世界上很多事情本来就是没有结论的。

案例：争议模型

- -

"甜咸粽子之争"是大家最为喜闻乐见的话题之一（见图 5-1）。

图 5-1

5.6.3　现象解析模型

现实社会中，每天都会发生千奇百怪、令人不得其解的事件或现象。强大的好奇心会驱使观众一探事件的真相，而作为短视频创作者，则需要替观众去思考。如果能够提出独到的观点，并加以清晰地分析，自然可以获得很多粉丝的青睐。

现象模型 = 现象描述 + 现象解读 + 情绪升华。

案例：现象解析

"安森垚"经常会针对热门事件进行解读，观点犀利，内容精辟，观众的反响也很热烈（见图 5-2）。

图 5-2

5.6.4　代替发声模型

观众有很多心声没有办法直接表达给别人听，因此他们都是通过点赞和转发某条短视频来表达心声。这种类型的视频也会有比较强的"社交货币"属性。

"代替发声"模型需要两个要素：一是人群框定，比如马虎的孩子、厨艺高超的老公等；二是代替观众表达心声。

代替发声模型 = 人群框定 + 表达心声。

注意，这个模型框定的人群一定不要大而全，否则很容易让目标观众感觉不出来。表达心声部分可多可少，重点在于能否代替观众吐露心声。

比如"世界上最浪漫的爱情（表达心声），就是一个人跑到很远去看另外一个人（人群框定）"这篇文案只有短短的一句话，但是代替那些异地恋的人表达了心声。同样，"事业有成的男人都是这样爱老婆的……"也套用了上述公式。

5.6.5　反认知模型

反认知模型最大的特点就是，提出一个让观众颠覆认知的观点，然后直接在内容中进行解析，让人感觉耳目一新。

反认知模型 = 颠覆性观点 + 解释为什么 + 案例解析 + 如何正确理解 + 点题升华。

案例：反认知模型

我们通常都认为自律是这个时代年轻人应该具备的素质，但是这篇文案却说"自律是最大的谎言"，并且针对什么才是自律的原动力，做了独到的解读，从而使得观众对自律又有了新的理解（见图 5-3）。

图 5-3

5.6.6　讲故事模型

故事模型下的内容我们在前面提得比较多，但是讲故事这种能力其实是可以广泛应用在各种短视频模板中。最常见的结构就是起承转合。

讲故事模型 = 起 + 承 + 转 + 合。

起承转合是我们最熟悉的模型，无论是影视剧还是我们学习过的课本，这个模型都非常常见。最终的核心观点决定了短视频的点赞、评论与转发数据。

案例：讲故事模型

这篇故事讲述了一个女孩在花季遇到了一个影响自己一生的男生。面对家中父母的阻挠，她该如何做出选择呢？（见图 5-4）。

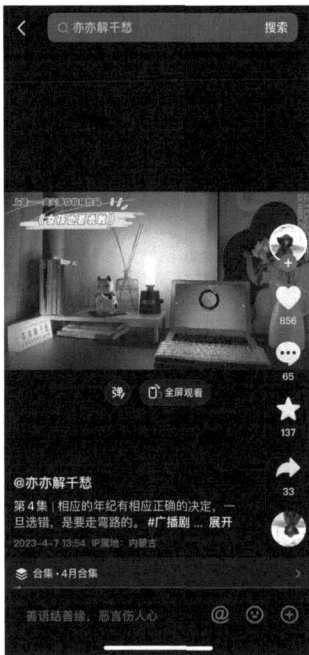

图 5-4

5.6.7　技巧技能模型

采用技巧技能模型的短视频是非常受各年龄段观众欢迎的内容类型，从解题技巧到美食烹饪，从摄影技法到软件技能，只要摸清了目标观众的痛点，便会得到积极的反馈。

技巧技能模型 = 技能主题 + 操作步骤拆解 + 成品呈现。

这个模型的重点在最终成品的呈现上。如果成品视觉效果没有做好，观众点赞欲望会大大降低。

案例：技巧技能型

"麻辣德子"用简明清晰的步骤教人们如何在家做糖葫芦，从选择水果，到用竹签串起来，再到熬糖的方法和技巧，最终做出令人垂涎欲滴的糖葫芦（见图 5-5）。

图 5-5

5.6.8 情景模型

我们在短视频平台上经常会看到一些"爽剧"。它们通常是一个个小故事，发生在司空见惯的场景中。原创剧情由一个冲突开始，中间穿插各种情节和对话，慢慢让观众进入情绪高潮，然后通过一个反转，让坏人得到应有的报应，由此，观众被打动而点赞或者评论。

情景模型＝冲突＋情节＋反转＋爽感结局。

比如，老同学聚会，大家都用老眼光看看待当年的老同学，在言语和行动上处处刁难，但随着剧情的推进，以前大家眼中的差生经历了种种波折，用十年时间奋发上进，早已获得了令人羡慕的幸福生活。

虽然一些创作者认为这种类型的内容过于俗气而不屑于去做，但是"逆境重生""正义来临"等情节颇受观众认同，这类作品的点赞数通常都会比较高。

撰写优秀的文案是短视频创作中不可或缺的一环。只有抓住了观众的眼球，才能够获得更多的曝光和关注，进而提高影响力和收益。因此，无论是从创作角度还是商业角度出发，都需要不断地提升自己的文案写作能力，让每一个字、每一句话都能够产生最大的效果。

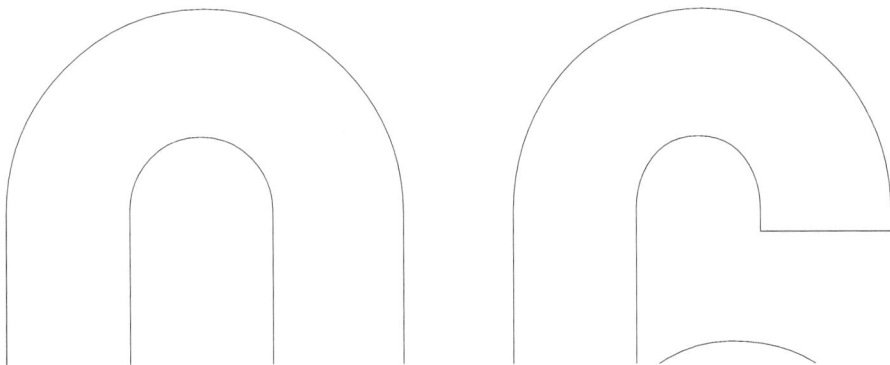

第 6 章　短视频流量思维

——培养流量思维，让算法为你助力

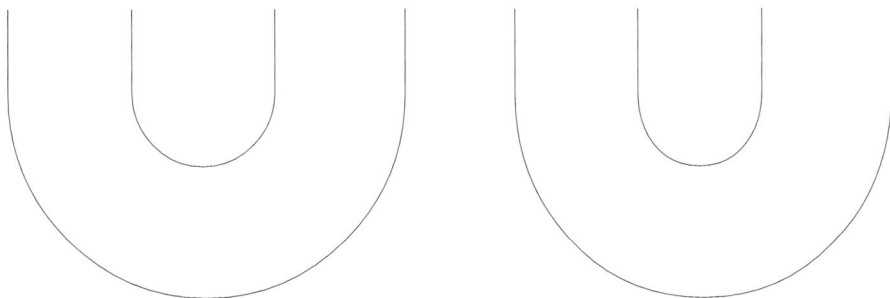

你有过这样的经历吗？你总告诉自己看完这个短视频就休息，可事实却相反，你欲罢不能。究其原因，实际上是流量算法在"作怪"。如果能掌握其中的运行规律，就等于拥有了流量密码。

简单地说，流量思维就是去发现广大观众的兴趣点，以此进行创作。因为受众面大，也就利于传播。由此可见，流量思维是短视频运营的核心。要想打造属于自己的爆款视频，就需要建立流量思维。一般来说，流量取决于完播率、点赞率、转发率、评论率和收藏率。本章将从流量思维这个角度，带你打造属于自己的爆款短视频。

6.1　新媒体的推荐机制

每一个创作者都希望自己能源源不断地做出爆款短视频，而做出爆款短视频的前提条件是获得流量，因此创作者需要了解各个平台的推荐机制。

每个平台的推荐机制都与短视频的基础数据相关。虽然基础数据会不断变化，但比例是相对稳定的。这些比例是分析数据的关键指标，也是进行选题调整和内容改进的重要依据。因此，只要摸清规律，你的作品就离爆款不远了。

一般来说，

$$新媒体推荐度 = （完播）x\% + （点赞）y\% + （转发）z\%$$
$$+ （评论）d\% + （收藏）b\%。$$

可以这样理解，一条短视频是否可以成为爆款，取决于观众在观看短视频时的行为，包括点赞、转发、评论和收藏等。做短视频就像做试卷。试卷里有选择题、填空题、应用题、附加题等。光在一种题型上拿到满分没有用，把所有该拿的分数都拿到才能获得好成绩。同样，要想获得尽可能高的流量，就要做到"相对最优"而不是"绝对最优"。

从这个公式能看出，完播率、点赞率、转发率、评论率和收藏率虽然都是重要的数据指标，但是不同的短视频平台会根据自身需求给予它们不同的权重。一般情况下，按重要程度排序时，完播率 > 评论率 > 点赞率 > 转发率 > 收藏率。

不同平台在这些数据指标的权重上会有调整。这很好理解。拿 B 站举例，现在 B 站的日活用户超过 1 亿。如果平台希望有更多的新用户来注册账号，它就会把转发率作为重点。排序就可能会变为：转发率 > 完播率 > 评论率 >

点赞率＞收藏率。如果没有特殊情况，完播率是各个平台最重要的数据指标。

所以我们可以发现，算法机制绝非一成不变。比如 B 站用户每天可获取的有限的币数，用于给 Up 主投币支持，所以视频获币数在算法上权重更高，再比如各个平台都在推出的"中视频计划"，中视频比短视频时间长得多，如果单纯考核完播率，很多中视频创作者就没有机会获取高额流量，此时平台就会增加新的指标去考量，比如"用户观看时长"。将一条 15 秒短视频 70% 的完播率和一条 3 分钟中视频 15% 的完播率进行对比的话，15 秒的短视频给平台贡献的停留时长是 10.5 秒，而 3 分钟中视频给平台贡献的停留时长是 27 秒。用户停留时间越长，平台实现盈利和商业化的机会就越多。

我们不能抛开内容和用户孤立地看数据，比如平台内容的多样性也很重要，就像动物园中要有各种动物一样，不能光有猩猩、狮子、河马，也要有鹦鹉、蟒蛇、鳄鱼。

如果你能理解平台到底想要什么，并根据动态变化制定内容策略，你就会感受到账号流量的"乘风破浪"。

接下来，我们分别学习一下如何提升观众完播率、点赞率、转发率、评论率、收藏率这些关键指标。

- 完播率：是指视频的播放完成率。如果观众能够完整地看完短视频，则可以从侧面反映出这个视频吸引了观众。因此，完播率是短视频平台的一个重要统计指标。
- 点赞率：点赞数量 ÷ 播放量 ×100%，这个指标能反映短视频受欢迎或受关注的程度。
- 转发率：转发量 ÷ 播放量 ×100%，这个指标代表观众的分享行为，通常有社交属性。转发有可能带来更多的新增粉丝。

- 评论率：评论数量 ÷ 播放量 ×100%，这个指标代表观众的自主表达行为。通常，当短视频引起共鸣、争议时，更容易引发观众的评论欲。
- 收藏率：收藏量 ÷ 播放量 ×100%，这个指标能够反映观众对短视频价值的认定。收藏是一种标记行为，观众很可能会反复观看收藏的短视频。

6.2　提升完播率

完播率是短视频最重要的指标。如果观众不能完整地看完一条视频，就说明这条视频对该用户的吸引力不够，同时也说明这条视频很难成为爆款。完播率高的视频往往通俗易懂，好像让观众从滑梯上滑下来；而完播率低的视频或多或少有些晦涩难懂，就好像让观众攀爬一座"高峰"。

提升完播率的重点有两个：一是想方设法让观众上滑梯，二是消除下滑过程中的"卡点"。

6.2.1　提升画面质感

提升画面质感是提升视频完播率最直观、最有效的方法。

我们常说"人靠衣装"，是因为视觉是人的第一感官。当我们看到漂亮的人、物品、景色时，总会忍不住多看两眼。同样，一个邋遢的人、包装潦草的商品、破败的场景等，在我们心中的印象会大打折扣。

当观众看到短视频时，如果发现画面模糊，大概率会直接划走，这样一来你的完播率就很难得到提升。想要有效提升视频的完播率，提升短视频的画面质感是基础。为此，创作者可从以下几个方面入手。

- 画幅：9：16、16：9、4：3、6：7 这几种是短视频常用的画幅。竖屏冲击力强，横屏故事感强。创作者可以根据目标观众的需求和自身定位进行选择。

- 对比度：对比度、饱和度高的画面会让整体观感更加鲜艳，在手机上呈现时更吸引人。

- 清晰度：拍摄视频时，若过度使用美颜功能，虽然能遮盖人物脸上的痘痘、瑕疵，但也会导致视频画面的清晰度下降。

- 整洁度：在拍摄取景时，需要保证画面背景简单。杂乱的视频画面容易分散观众的注意力。若选用成品视频进行二次创作，则需要注意水印的处理。

- 亮度：户外拍摄要保证光线既不能过曝也不能过暗，室内拍摄时要保证光源充足。

6.2.2　选择合适的构图

常用的构图法有以下 3 种。创作者可以根据视频的类型进行选择。

- 中心构图：将主要拍摄对象放到画面中间的视觉焦点上。这种构图方式的最大优点就是突出主体。通常，对于有人参与的画面，采用这种方式准没错，这里不再赘述。

- 对称构图：对称构图就是按照一定的对称轴或对称中心，使画面中的景物形成轴对称或者中心对称。这类构图法常用于拍摄建筑群、隧道等景物，也可以用于摄影的教学。

案例：对称构图

　　"卷毛佟（手机摄影讲师）"是一位经验丰富的摄影师，他凭借简单易懂的教学风格，收获了超过 300 万的粉丝。

　　图 6-1 是他教用户如何拍摄对称构图时的视觉画面。这条短视频获得了超过 25 万的点赞量。该视频一开始呈现了一个较为普通的拍摄画面，在讲解完摄影技巧后，便有了图 6-1 中的这个场景。对称构图可以让观众的视觉体验更为舒服，促使其继续观看。

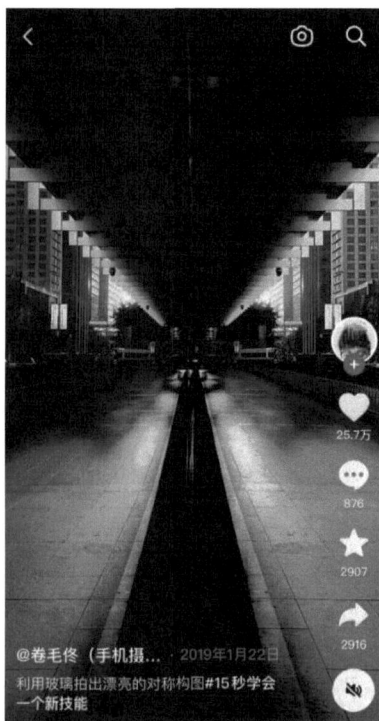

图 6-1

- 水平构图：画面以水平线条为主。拍摄旅游视频，例如海平面、草原等广远辽阔的场景时有奇效。

案例：水平构图

"房琪 kiki" 是一位旅游领域的创作者。美景加上治愈的文案，短短三年，她便收获千万粉丝。同时，她独立、勇敢、热血、有趣，活成了很多女生理想中的样子。

她在其作品中经常使用水平构图。这种构图法会给观众留下宽阔、稳定、和谐的印象（见图 6-2）。

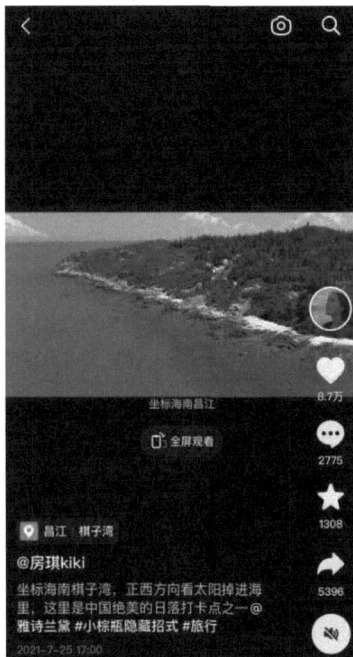

图 6-2

6.2.3　制造共鸣感

只有引起思维共鸣，才能给予观众良好的内容体验。

当观众看到一条与自己曾经的经历相关的短视频时，他会立刻与内容产生共鸣，从而将他自己代入短视频所营造的场景中，这样就有机会大大提升完播率（见图 6-3）。

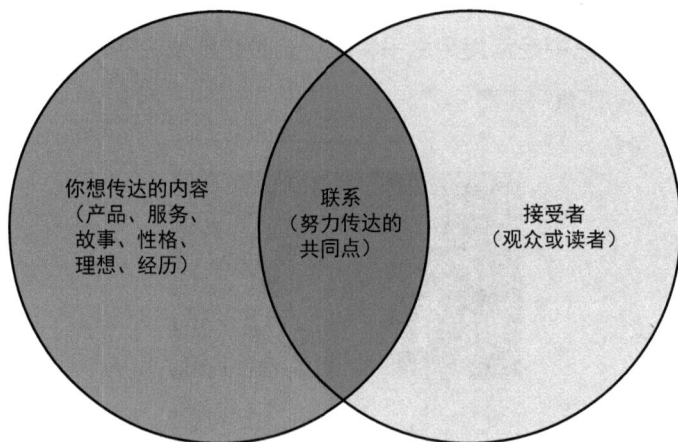

图 6-3

共同的语言、共同的经历、共同的目标及共同的梦想，都是引发共鸣的要素。

你在进行短视频创作时，只要找到这些"共同点"，便能自然地走近观众，调动观众情绪。制造共鸣感的本质，就是通过短视频告诉观众，你是"自己人"，你很懂他。

案例：贴近观众生活

"乐呵兄弟"在 2020 年 4 月开通社交媒体账号，紧贴社会热点话题，采用一问一答的采访模式进行短视频直播，用津味方言将"哏都"特有的各种笑料包袱运用到极致，收获了 600 多万粉丝。

在两人走红后，便从一问一答的采访模式变成情景模式，也就是设定一个特殊场景，表演这个场景中不同人的反应。这些在生活中真实发生的情景，引起了观众的强烈共鸣，促使他们从头看到尾，视频完播率非常高（见图 6-4）。

图 6-4

在短视频前 3 秒抓住观众的眼球，可以有效提升完播率。

- 制造"感叹号"：为什么很多动作电影要在一开始就设计激烈的打斗场面？因为制造冲突是吸引观众注意力最有效的方法之一。创作短视频时，要学会制造"感叹号"，吸引住观众，让短视频有种"意料之外情理之中"的感觉，时刻给观众一种"前方高能"的期待。

案例：制造感叹号

"大蓝"被观众们称为"世界抬杠冠军"。他凭借着犀利的语言、暴躁的语气，在抖音迅速走红。他在抖音上的作品主要以知识类口播为主，教各位粉丝如何做抖音，还会分享一些金融类、投资类、互联网风口项目。

"大蓝"通常会在视频开头用夸张的演讲制造冲突感，比如"企业千万别追求规模"，让观众提起兴趣，继续观看视频（见图 6-5）。

图 6-5

- 制造"问号"：好奇心是促进人们不断探索和进取的动力。给观众心中埋下一个问号，就可以使其在好奇心的驱使下在短视频中寻找答案。当他解开了疑惑时，作品的完播率也提升了。巧妙的短视频结构能让观众在脑海里不断提问：这个事是真的吗？这是哪里？为什么会这样？怎么做到的？……

案例：制造"问号"

"不正经的学姐"的每一个短视频几乎都是在制造"问号"。"为什么酒店的浴室都设计成透明的？""怎么样避免马桶水溅到屁股上？""男人的枕头为什么那么容易发黄？"给观众制造"问号"的同时，也获得了大量的流量。看到结尾时，观众往往惊呼"原来是这样！"（见图 6-6）。

图 6-6

6.2.4　音乐与音效

短视频是视听语言，因此除了画面，恰到好处的音乐与独特的音效也会给观众留下深刻的印象。选一首好听的音乐，就像给好马配了一个好鞍。有时候，观众甚至会为了音乐而看完你的作品。

案例：利用音乐留住观众

"小 Peng"的粉丝只有 900 多人，但是其中一条短视频收获了 37.4 万的点赞。如果单看画面，似乎并没有十分惊艳的景色，但是为什么能获得如此多的点赞量呢？

当你看到文案描述再打开声音就明白了："这首音乐里全部都是海"与《多远都要在一起》形成了完美组合，点燃了观众的情绪。有人评论"一个人看海会不会很孤独？"，还有人评论"求歌名，下次去看海我也要听"，等等（见图 6-7）。

图 6-7

除了音乐，音效在作品中也有举足轻重的作用。在恐怖电影中，我们可以清晰地记得关门声、木地板的咯吱声。这些音效都能把观众带到剧情中去。

用音效提升完播率一般有两种用法：一是在作品开头用音效吸引观众注意力；二是在短视频中使用"逗号"和"句号"，在视频中间加入音效能够提升画面的节奏感。

案例：音效的使用

"叶公子"被网友戏称为"抖音最帅的女人"，主营美妆用品，目前拥有超过 3000 万的粉丝。

翻阅"叶公子"的早期作品，会发现点赞量大多在百万以上。她在短视频中加入略带恐怖和悬疑感的音效，并且在情节转折或进入视频高潮的部分重复使用这种音效，给观众带来紧张感，引起观众心灵上的震撼，吸引他们继续观看下去。在视频最后，她还会通过制造悬疑的方式留住观众继续观看其他作品或让观众关注该账号。

案例：节奏感

"木鱼医生"在科普医学知识的短视频中经常会敲一下木鱼。这个标志性动作成了其招牌，记忆点强烈。

我们在阅读文字信息时，标点符号不可或缺。同样，短视频也需要节奏。木鱼医生每次断句时会敲一下木鱼，有效地增强了视频的节奏感，又让观众通过木鱼这个道具记住了自己，一举两得。

6.3　提升点赞率

20 世纪 90 年代，美国广告基金会为了调研消费者是否有可能购买广告中的产品，上线了"点赞"功能，借此了解消费者的喜好，更好地把握商品市场。后来互联网蓬勃发展，很多社交平台都借鉴了这个功能。

我们通过点赞来表达对于一些事情的赞同与关注。现在，短视频平台通过"点赞"可以更好地了解观众对于不同内容的偏好。"点赞"已经成为我们社交中必不可少的一种互动行为。

接下来我们看看创作者如何有效提升观众的点赞率。

6.3.1　获得认同

得到观众认同就是获得点赞的最好方法。

个体的认同源于认知，是个体在社会化过程中实现的。作为社会的成员，人在社会化的过程中，要不断地和他人、群体乃至整个社会达成共识。达成共识之后，就能方便人们协作。"点赞"涵盖的范围会比较广，有可能是一个人、一件事、一种生活态度……

有很多创作者会评论热点事件，观众大量点赞的背后，有时候并非是多喜欢这个人，而是对这个创作者观点的认同。

有些创作者非常善于展示自己的能力、才华，有些忠实粉丝甚至不在意创作者到底发了什么视频，而只是打心底认可这个人。

前面我曾提过，账号首先要做"社会化"。其本质就是理解大家的共识，从而激发观众的认同感。

案例：激发认同感

"笑笑悟"是视频号情感赛道的创作者。她的视频因为接地气、对话感强，收获了大量的粉丝。一开始我不能理解为什么很多机构花了高额费用精心拍摄的视频点赞寥寥无几，而笑笑悟在杂乱的街道上对着手机讲话就能获得如此高的流量。

她在一条"10w+"点赞的视频中说道："朋友，永远不要和别人比生活。有 1000 块咱就过 1000 块的日子，有 100 块咱就过 100 块的日子。不羡慕、不攀比、不嫉妒、不强求。圈子不同，各有活法。累了就休息。日子图的是安稳和踏实。平安健康才是我们最大的幸福。"这个内容听起来就是再简单不过的道理了，能获得大量的转发和点赞，其根本原因还是观众能接受这个观点。我们的社会中大部分人求的就是"平安是福"。而笑笑悟站在一个"普通人"的视角帮观众表达出了心声（见图 6-8）。

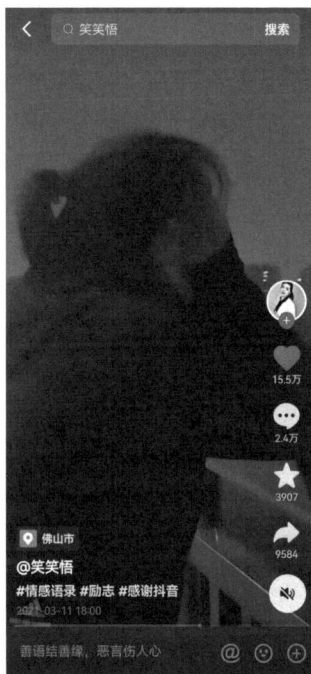

图 6-8

6.3.2　精神内核

有时观众并非为某个人点赞，而是为某种精神。

精神内核好比是一个内容器，它可以容纳和消化接收的信息。

樊登曾讲过一个观点叫"活好"。他说："人这一辈子一定要活好，因为你活好了，你的孩子才愿意变成你的样子，你不需要过度教育他。你活好了，你就也不需要暴躁地管理你的员工，因为你是他们的榜样。"他的很多观点都是围绕"活好"这个精神内核展开的。

有精神内核的视频更加能够让观众产生"精神共鸣"，进而改变个人对世界的认知、对规律和规则的认知，最后影响个人的行为。

精神内核有很多种，如"苦中作乐""同甘共苦""勇于创造"等。创作者一方面需要洞察生活中有哪些东西可以提倡，另一方面需要不断提升提炼精神内核的能力。

6.3.3　反转

短视频的反转可以给观众带来爽感。

一些家庭情感连续剧经常会用剧情反转的方式带给观众爽感，比如"恶毒的婆婆欺负儿媳妇，最终被儿媳妇感化""家庭主妇逆袭成为一代女企业家"。创作短视频内容时，优秀的创作者都不会平铺直叙、直截了当地公布答案，而是采用反转的形式，给用户看到意想不到的结果。这类形式的短视频开头是铺垫，转折后的内容才是要表达的重点，通过前后对比的方式激发观众的"爽感"。

这种先抑后扬的方法，常常用在换装、剧情等类型的视频中。

案例：用剧情反转激发观众情绪

"涂罗伊"被称为抖音"仿妆界天花板"，收获粉丝近千万。但在她早期的视频中，拍摄的是港风穿搭变装。这些视频一直不温不火，直到一条"哈利波特"魔法变装秀的视频发布，让她火速出圈儿。这一条视频获赞近两百万。自此之后，涂罗伊开始改变风格，凭借高超的仿妆技术火遍全网。

"涂罗伊"主要是通过模仿明星妆容、还原影视人物，加上有剧情的变装来吸引眼球，比如一条"紫霞仙子"的仿妆被评为"全网最像"。在她拍摄仿妆视频时，常常用反转手法。在视频的开头她常以素颜出镜，之后伴随着音效，她展现出与开头很大反差的人物形象。这样留有悬念的手法，让很多观众的停留时间变长，因此也提升了点赞率（见图 6-9）。

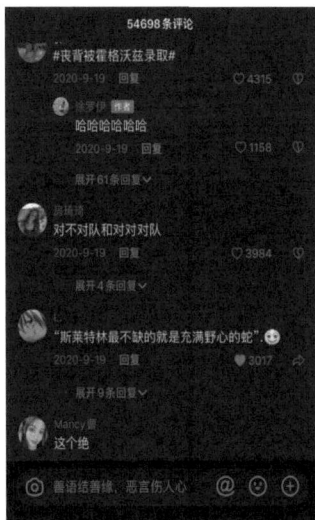

图 6-9

6.3.4　正能量

正能量的故事更容易触及人们心中最柔软的地方。

短视频平台点赞数很高的一类爆款就是正能量内容。正能量的故事中闪现的是人性的光辉。这些感人的行为可以触及人们内心最深处的情感，哪怕是平凡人的举手之劳。

为什么人们会如此偏爱正能量的内容？

据调查显示，社会人士比大学生对正能量的内容偏好度更高，这是因为社会人士生活压力更大。正能量内容可以给人以希望，让人觉得世界不乏美和善良。

此外，人类社会就是通过互相帮助而发展到今天的，正能量内容可以鼓励向善，激励人心。

这里需要注意，正能量的故事中要有故事细节，不要假装扮演。越鲜活、越有细节的故事越容易感动观众。

案例：正能量故事

"警眼看天下"发布的一条短视频，点赞数达到了 2248 万。在这条短视频中，一个拾荒老人听到车子里有孩子的哭声。在查看后，他发现发出哭声的是一名被家长遗留在车内的幼童。老人十分着急，并找到了路边的一块砖头，用力砸开了车窗。把孩子抱出后，他发现孩子脸已经被冻得通红。在视频最后，老人不顾天气寒冷用自己的衣服包裹住孩子（见图 6-10）。

图 6-10

6.4 提升收藏率

收藏，代表我们对内容的占有，是一种"标记"行为。

人们都有占有欲，看到好的东西都会忍不住心动。点击"收藏"按钮，大脑会产生一种满足感。在这个过程中，我们的潜意识会暗示标记的内容已经属于我们。如果是知识型内容，则还可以很好地缓解焦虑。视频的收藏率越高，说明视频对观众越有价值，观众甚至愿意反复观看。

6.4.1 收藏即学会

许多人都有一个奇妙的心理，那就是"收藏即学会"。

你家里是否有买回来后就再没有看过的书。其实，你买的是对自己未来的期待。许多人看到一些有关 Excel、PPT 的教学视频时，可能不会将视频看完，因为就算将视频看完，也很难一下子将知识点完全消化，所以他们就会收藏下来以备不时之需。

案例：实用的教学视频

例如，有一个 Excel 入门教学视频（见图 6-11），由于各行各业的人都可能用到 Excel，因此这个视频的收藏量达到了 11 万。翻阅该创作者的其他视频，会发现收藏率通常都是点赞率的一半。从这个数据就能看出观众的奇妙心理——似乎"收藏即学会"。

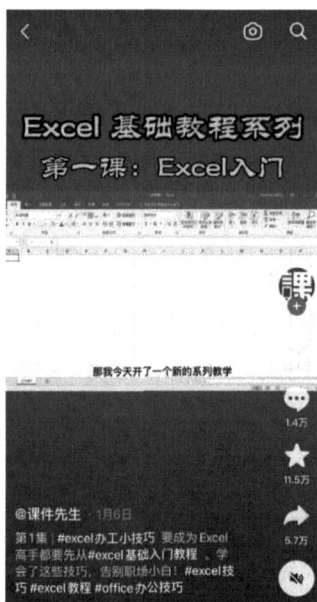

图 6-11

如果不相信，那么请你打开自己的某一个短视频平台的收藏夹，看看是否有一些关于 Excel、PPT、减肥、健身及做菜的视频。

6.4.2　购买欲望

购买欲望也会促使观众收藏你的短视频。

若创作者是做产品、服务等方面内容的，可以通过收藏量来做观众需求的判断。收藏的观众可能在这方面有需求，但又不太迫切，所以将该视频收藏，等到真正需要时再购买。

比如一些旅游打卡地的视频，观众很可能在不久的将来会去这个地方。再比如美食的视频，观众目前刚好在减肥但又很想吃，收藏下来是为未来做准备。

案例：适合收藏的短视频

....

"见公子"将其体验过的民宿做成清单。这条民宿推荐视频收藏数达到了 5.3 万。很多观众都在评论区说："Mark 了（收藏了），希望有机会能去。"观众不可能随时都有时间去旅游，但是一旦他去的目的地有见公子推荐的民宿，他就很有可能从自己的收藏夹中翻出视频来参考（见图 6-12）。

图 6-12

6.4.3　实用小技巧

实用小技巧可以瞬间抓住观众的注意力，

满足观众多元化的内容需求。

这类内容都是马上能解决问题的实用方案、方法，具有可操作性。可以用"一分钟跟我学""这些小技巧连 xxx 都在用"等标题，让观众感觉很容易学到手，拿来就可以用。

比如，观众可能遇到的小问题有：电脑无法开机、黑屏或屏幕右下角的声音标志消失了……视频可以针对这些问题给出快速、简单、易上手的方案。

观众看完之后马上就能当场操作，快速解决自己遇到的这些问题，且效果立竿见影。

这样的内容收藏量高，代表观众对于有用、有价值内容的认可。

案例：实用小技巧

"妙招生活库"的一条视频介绍了 12 个生活小窍门（见图 6-13），比如，怎么用叉子来剥出完整的虾肉，怎么用开水轻松撕下鱼皮，怎么快速剥玉米粒……这些方法会让观众觉得可以很快地解决他们生活中的问题，他们自然更愿意把内容收藏起来。

图 6-13

6.5　提升评论率

评论区应该是"第二战场"。许多创作者认为视频一发完，创作就结束了。这是极其错误的想法。观众的评论是支撑创作者不断创作的"宝库"，聪明的短视频创作者懂得如何通过评论挖取观众的需求。抖音上的大部分观众都喜欢看"神评论"，他们甚至觉得评论比视频本身更精彩。评论成了视频内容的重要组成部分。因为和点赞收藏这些动作相比，评论需要观众更深度地参与，所以短视频的评论越多，它的热度越高。

因此，创作者可以预先留下一颗能够引起讨论的"种子"，提前规划观众的评论风向，让观众跟着创作者的节奏走。这样不仅能够提升评论率，还能提升完播率，因为观众在评论和看评论的同时，视频也在播放，因此他们在视频上的停留时间自然也变长了。

6.5.1　部落效应

"部落效应"可以让观众变成辩论赛的"辩友"。

部落效应是指，在现实生活中，人们会不知不觉地将自己归为某个团体，从而和另外一个团体对抗的一种现象。

我们在文案章节提到过，像"南北粽子之争"这类有争议的文案更容易激发用户的讨论。评论者往往会代表一个群体或一种观点。当群体的观点有冲突时，就会像两个辩论队一样，进行着你来我往的讨论。这样，"评论"区就会被"引燃"。看到视频的观众会不由自主地涌入自己所属的阵营，表达自己的想法和观点。除了"南北方"之外，"男女""80 后""职业"等有较强身份属性的名词也很容易区分阵营。这类内容很容易形成平台级的大爆款。

"山口煮"的作品"南方人在东北买菜的尴尬瞬间"（见图 6-14），通过一人分饰多角，演绎了南方人和东北人买葱买鱼的有趣情节，获得了 8.3 万条评论。其中的一条评论"北方真的不帮忙刮鳞切片吗"的点赞数就高达 8.4 万。这条评论下还有 4000 多条衍生评论，足以反映观众对南北方买鱼买菜的讨论之热烈程度。

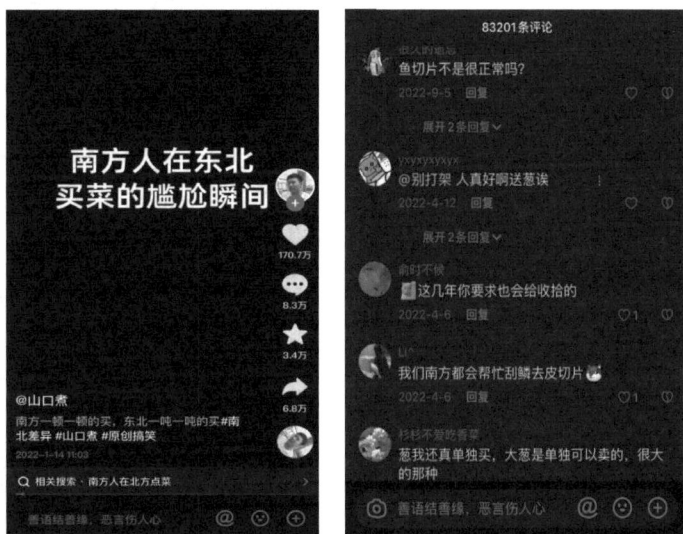

图 6-14

6.5.2 给观众"留白"

人人都有表达欲，只是需要被激发。

留白，是艺术作品创作中常用的手法，通常指书画创作中为使整个作品画面、章法更为协调精美而有意留下相应的空白，给人以想象的空间。我们做视频时如果可以给观众留出一定的表达空间，观众有了参与感，就会对作品的印象更加深刻。

第一种方法是提问，鼓励观众与创作者互动。创作者可以在标题、视频末尾和评论区等地方直接向观众提问。

例如"房琪 kiki"发布了一条现实的"绿野仙踪"视频，她在评论区中直接问用户"绿野仙踪？暮光之城？禁林？还是你想象中的哪个故事发生的场景……"，来让观众与她互动。这条视频在抖音的评论数达到了 8.5 万条。

第二种方法是向粉丝求助、征求意见。这样粉丝不仅能获得参与感，还能为创作者后续的创作提供选题。

例如穿搭博主"任小娜是个苹果肚"的一条视频中，她说自己想要做一期通勤装的测评，想征集粉丝们的意见，想要看看粉丝们有没有推荐的店铺或衣服。在这条视频下，评论数超过 2万条（见图 6-15）。

图 6-15

6.5.3　设计"槽点"

"槽点"很容易引发观众在评论区留言。如果使用到位，评论区的留言就会非常活跃，但是"槽点"不等同于矛盾点，它是为了增加与观众的互动。这需要创作者巧妙植入，而不是戏谑。

6.5.4 在评论区"埋点"

在评论区中埋点，就好像设计一个陷阱，让人看到就想说两句，常规做法是在视频或视频标题里进行预埋。

- 在视频中提出问题，引导观众在评论区给出答案或寻找答案。
- 扩大观众指向范围，例如可以在视频中点评 5 个明星的演技，这样可能这 5 个明星的粉丝都会前来评论。
- 在标题中或视频结尾引导观众评论、点赞或转发。
- 创作者有意在视频里留下一些小错误。如果观众愿意帮助你找找茬，就可以激发观众的兴趣，从而留下评论。当然，这个方法不适合多用，不然会让观众觉得创作者的视频质量不佳、不负责任。

案例："槽点"的妙用

创作者在视频中将"莘莘学子"误读成了 xianxian 学子。在作品发出后，创作者没有回避这个问题，而是第一时间在评论中承认错误，最后也得到了观众们的理解。由此可以看出，评论区也是与观众们维持好关系的重要途径（见图 6-16）。

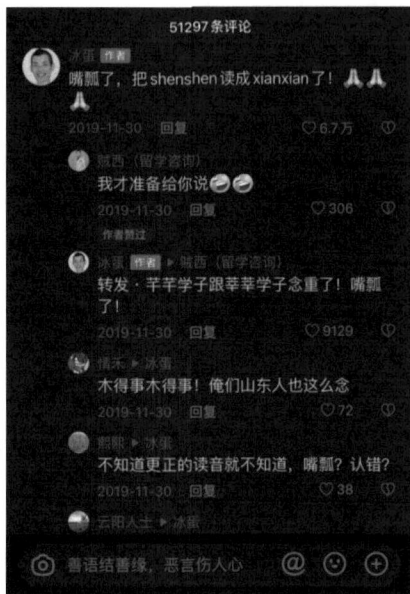

图 6-16

6.5.5   与观众沟通

选择一些能够增强观众代入感的话题，以提高短视频的评论量，最主要的就是要给视频划定明确的目标受众。

例如"一个家最重要的是什么？"这条短视频获得了 2.6 万条评论。

为什么这条短视频下会有这么多的评论呢？这是因为每当看到"家"这个字时，大家的脑海中都会浮现出自己与家人相处的画面，这也会让自己产生代入感，进而想要在评论区与大家分享自己家的事情（见图 6-17）。

图 6-17

6.5.6　感恩回馈法

抽奖送福利，可以有效地促使观众进行评论。比如在一条短视频的评论区中选出评论得比较好的观众或者评论点赞数最多的观众，向其赠送一定价值的物品。需要注意的是，抽奖送福利这种方法，需要创作者购买一些奖品给粉丝。

例如，"晚安阿紫"在她的一条视频的评论区抽取 50 位粉丝，赠送幸运者电影票。这条视频获得了 2.1 万条评论（见图 6-18）。

图 6-18

6.5.7　许愿池

北京地铁 S1 线有一站叫"上岸"。这个站现在变成了"网红"打卡点（见图 6-19）。很多考生把考研成功比喻为"上岸"。在抖音上出现了一种有趣的现象，当有人拍摄"上岸"地铁站到站时，评论区就会出现大量许愿自己"考研成功""早日上岸"的内容。

图 6-19

在短视频平台，许愿已经成为一个非常常见的现象。当大家遇到一些节日，看到一些稀有的现象和内容时，比如"烟花燃爆""日照金山"等，评论区就有很多人许愿。

案例：许愿池

创作者"郑的远方"发布了一条名为"日照金山"的视频。这条视频的描述文案中写道，"在日照金山下抛下幸福的种子"。这条视频收获了大量用户的点赞和评论。评论内容有："逢考必过""家人平安顺遂、无灾无难""上岸！！！"等（见图 6-20）。

图 6-20

6.6　提升转发率

乔纳·伯杰的著作《疯传》中写道："人的一生都离不开分享，分享可以让人感觉心情舒畅。"这是因为分享的本质是一种给予，通常给予者的感受要比接受者更好。

在短视频创作中，观众的转发、分享行为也是平台衡量作品优劣、是否有关系传导性的重要参考数据。对创作者而言，通过观众的转发与分享，他可以清晰地知道什么内容有利于用户社交，并找到相应选题。

思考一下：你平时会给别人转发些什么内容呢？他们和你是什么关系？

6.6.1　关系传导

转发的核心逻辑是关系。

假如你是一个男生，你会不会给不喜欢篮球的女朋友分享"库里扣篮"的视频？

分享的本质是一种社交行为，当我们向别人分享时，我们也会考虑对方能否接受并喜欢我们的内容。创作者可以有意地通过关系传导的方式提升转发率，并且在文案中引导粉丝转发或者圈定（@）相关人员。

案例：古文表白

这是一个七夕节当天发布的作品，里面讲述了古人是如何表白的。当观众处在某一个特殊的阶段时，例如恋爱、婚姻，在看到这条视频后，他就容易产生与他人分享的念头，从而提高了此视频转发率（见图 6-21）。

图 6-21

6.6.2 危害性知识

视频涉及生活、健康的内容时，转发率非常高。例如"不吃主食的危害""熬夜的危害""五大让人致病的食物""爱他就让他戒烟"等话题，观众非常乐于转发给身边的亲人或朋友，尤其是爸爸妈妈很爱把这类视频转发给自己的孩子。这类视频容易引起观众的恐惧情绪，从侧面也可以体现转发者对于接受者的关心。

需要注意的是，这类视频要基于充分的科学调查和合理的事实依据，切忌没有根据地胡编乱造。

6.6.3　圈子型内容

只有某群人可以看懂的，或者某个群体会感兴趣的。

在创作内容时，若以某个群体为基础，则可以吸引一些具体的人群，如美妆爱好者、某游戏的玩家、极限运动爱好者，等等。当这类视频出现时，属于这一群体的人，便会将视频转发至自己所在的小群体进行分享，从而提高了视频的转发量。

> **案例：圈子型内容**
>
> 这条视频的制作相当简单，开头直接点名"广西人，顶起来"。只要是广西的观众，基本都愿意留下来看一下。视频的内容就是把广西省每个城市的车牌代码以 DJ 音乐为背景做了口播，并且加入了每个城市的空镜头。这种引导方式，会让广西的观众有一种期待，想看看视频里会不会有自己的家乡。看到自己城市的人会转发给自己同城市的朋友，形成圈层效应（见图 6-22）。

图 6-22

6.7 观众行为的本源

　　观众在看到短视频后的点赞、转发行为，是基于他们的思考或情绪的。短视频操盘手会利用好奇心引领观众看下去，用争议引发观众评论，设置社交价值驱动观众转发。我们要理解所有观众的行为，根本就在于理解观众的情绪变化。

6.8　短视频运营者的成长

　　一个初级的短视频运营者只需要理解短视频整体的操作流程：怎么撰写脚本、怎么搭建素材库、怎么上传视频，等等。

　　一个中级的短视频运营者，要理解内容策略，以及理解如何稳定账号流量，如何识别观众情绪，如何通过算法提升作品数据。

　　一个高级的短视频运营者，需要更多地理解媒介环境，理解观众心理，以终为始地从需求出发理解平台、定制策略。

　　我刚开始做短视频的时候，看过几本有关短视频的书，做过几条爆款视频，经历了一个自信心爆棚的时期，流量的快速涌入让我觉得自己已经是一个高手了。然而，我很快进入了一个瓶颈期。此时，我不得不去理解很多底层原理，包括编剧思维、导演思维、传播学、用户行为学，等等。当我发现知识怎么都不够用的时候，我才刚刚入门……

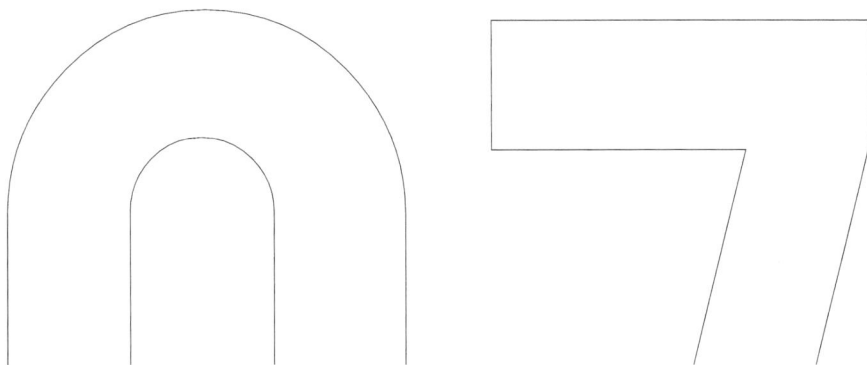

第 7 章　让作品真正"火"起来

——短视频传播的底层逻辑

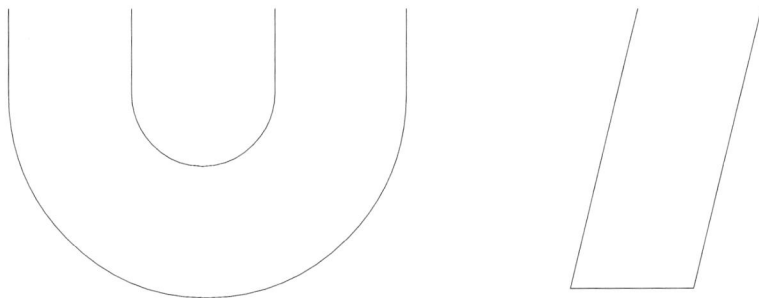

有时，你会在街头看到一只狗狗正对着电线杆"做标记"，不要小看这个动作，这是狗狗间传递信息的方式，那个电线杆可是它们互通消息的留言板。

古罗马时期的庞贝古城中有一面"涂鸦"墙，上面有各种各样的留言和对话。如果你看到你会惊呼，这不就是古人的"朋友圈"吗？

传播，是一门"从生活中来，到生活中去"的学问。当你理解了传播的本质，不仅能做好短视频，对社会、对人生也会有新的领悟。

7.1　媒介就是信息

前几年我去伊斯坦布尔旅游，在街头迷了路，没办法，只能硬着头皮用英语和一个当地人问路。我讲英语，他说当地语言，我们足足交流了 10 分钟，最终找到了我想去的地方。这个事件引发了我的思考，我们双方并不能理解对方的语言，那么我们是如何完成信息传递的呢？

首先我们要理解，信息本身是没有任何意义的，赋予它意义的是人类。比如，在红绿灯出现之前，全人类都不知道什么是红绿灯，这些信息在我们小时候被反复教育过，我们才有了"红灯停，绿灯行"的意识，最终成为全世界的共识。

回到我的故事，我和伊斯坦布尔当地人，接受的是不同的社会教育，学习的是不同的语言，所以我们没有办法高效地交流，但是我们可以通过其他方式——比如肢体语言、语音语调、画图——交换信息。

思想家麦克卢汉认为：媒介即信息。媒介会潜移默化地影响和塑造人们，推动着社会不断向前发展。每一种新媒介的产生，都会开创一种人类感知和认识世界的新方式。

研究传播学，就是研究"人与人如何连接"。它涵盖了信息交流、通信、媒介等方面的内容。然而，媒介的变化日新月异，因此作为一名"新媒体运营"人员，要有"自己每天都是小白"的觉悟。

任何媒介都是感觉和感官的延伸，文字和印刷术延伸了视觉能力，广播和音频延伸了听觉能力，电视则延伸了视觉、听觉等能力。现在，智能手机似乎成为了我们身体的一部分。过去的人们看报、看电视还需要特定的场景，而 5G 的普及使我们可以更方便地观看短视频。我们等车时"刷"短视频，睡前"刷"短视频，上卫生间"刷"短视频，甚至开车等红绿灯都要"刷"短视频。短视频几乎占据了人们所有的碎片化时间。

7.2 碎片化带来的挑战与应对方法

很多人会抱怨自己越来越没有耐心完整地看完一本书了，甚至在电影院也坐立不安，总想着有个按钮能让电影快进就好了。同时，每个人在网络上随手分享自己的生活、学习、工作、所见所闻，这在人类文明历程中是绝无仅有的。这种分享信息的能力会给人们带来巨大的满足感。

《浅薄：互联网如何毒化了我们的大脑》一书中写道："互联网所做的似乎是把我们的专注和思考能力撕成碎片。"现在的朋友圈、微博、抖音、小红书都在利用碎片化的传播方式来吸引观众，同时满足人们的分享欲。

在人类的脑中有两种不同的记忆功能：短期记忆和长期记忆。

我们把即时的印象、感觉和思考作为短期记忆存放在脑中。这种记忆维持的时间并不长。而我们对这个世界的某些人和事，无论是有意学到的还是无意学到的，则都会以长期记忆的形式保存。这种记忆可以保存几天甚至一辈子。

7.2.1 人群碎片化

传播学中有分众传播和泛众传播的概念。

有的短视频创作者习惯称自己做的是"泛娱乐""泛知识"内容。这个"泛"指的是针对所有人群。有的短视频创作者说自己专注"某某细分赛道"。细分指的就是分众群体。

随着社会的发展和人们生活水平的提升，"泛大众"的内容已经不能满足人们的需求，个性化的需求越来越多。

拿旅游品类来说，2019 年前，创作者们大多是针对各地的美景做短视频，也就是创作"泛旅游"内容。创作者面对的就像一个旅游团，团里有老人，有小孩，有大哥大姐，谁都能参团谁都能玩。2020 年后，旅游团出行受限，于是涌现了基于同一种兴趣爱好的结伴出行热潮，因此，一些细分领域账号，无论是在数据上还是在商业变现上，都做出了亮眼的成绩（见图 7-1）。

图 7-1

7.2.2　内容碎片化

你知道抖音平台为什么一开始要求创作者只能发 15 秒视频吗？

心理学中的"蔡格尼克记忆效应"，由心理学家布尔玛·蔡格尼克在 20 世纪初提出，指的是人们对于将事情做完有着本能般的驱动力，从而对那些尚未处理完的事情产生更加深刻的印象。这些存在于脑海中的未完成事件，让人们时刻感受到紧张。从积极的角度来看，这种紧张感会督促人们去完成未完成的任务，但是从消极角度来看，它又会让人们陷入连绵不绝的焦虑。

把短视频长度设置为 15 秒，跳舞、音乐中最高潮的部分就没有办法完整地展现，形成一种戛然而止的断裂感，这种断裂感会促使观众反复观看，从而对作品产生深刻的长期记忆。2018 年抖音上"代古拉 k"发布的那条 12 秒的跳舞视频，到目前为止，点赞数已经超过了 1126 万。你会对那个时候的诸多作品留有非常深刻的印象，这背后 15 秒的限制所引发的心理效应功不可没。

内容碎片化的吸引力在于，它提升了观众的时间利用率。以前人们没有智能手机，等地铁、等公交时只能发呆，现在哪怕地铁、公交眼看就要进站了，都能再刷一条短视频。另外，碎片化信息的接收变得更简单。相比之下，看书需要读者进入心流状态，为了理解前后逻辑更需要专注力，而短视频在各种场景中都可以轻松观看。

然而，碎片化的内容也会给观众与创作者带来困扰。第一，由于观众的注意力越来越稀缺，导致现在很多创作者用夸张、失真和带有误导信息的标题吸引观众，令观众无法分辨事实，限制了其思考和判断。第二，由于大脑的长期记忆需要神经元链接，神经元的链接又需要深度的系统性学习，而短视频因为内容碎片化的特点，很难让观众对内容形成深刻记忆。

那么，在碎片化的时代，如何以高质量的方式给观众留下足够深刻的印象呢?

7.3　培养观众的习惯

人类的行为都会遵循某种惯性，也就是习惯。养成习惯不是一件容易的事情，但习惯一旦养成，就不容易改变。在信息爆炸的今天，学会引导和培养观众习惯是短视频创作者的必备技能。如果你能让观众有一个想起你的固定时间和地点，你的内容就更容易获得成功。

人们在早上 8 点至 10 点这个时间段更愿意看新闻；到了 19 点至 23 点这段时间，人们更愿意看休闲娱乐、情感类短视频，也是人们刷短视频的高峰时段；每逢假期，尤其是黄金周前，旅游话题的热度就会上升。

我们在发布短视频作品时，也可以利用时间这一抓手，培养观众的习惯。还记得小时候看过的各种综艺节目吗？它们大多会选择周五的 20 点左右开始。仔细想想就能理解了，观众们忙了一周，周五晚上是一个非常好的放松时段，全家其乐融融坐在一起，特别适合观看轻松的综艺节目。

如果你的目标观众是小学生妈妈群体，那你一定要知道她们通常在几点起床，几点要送孩子上学，几点要哄孩子睡觉，几点才有时间观看短视频，从而避开她们的"忙时"，在她们的"闲时"发布作品，这样就更容易获得关注。当观众养成一个固定的习惯后，即便你没更新作品，观众也会主动来找你的作品，甚至会来"催更"。这个时候就说明你的"习惯养成计划"成功了。

7.4　围绕需求变化持续创新

我个人做过一些育儿和亲子教育的短视频账号。观众问得最多的一个问题就是：怎么能让小孩子不玩手机？你觉得孩子是对手机上瘾吗？其实，孩子是对手机里的内容上瘾。家长自己都控制不住自己，更何况是孩子。

因此，家长对抗的不是一款软件和游戏，而是这些软件背后精明的产品经理和运营人员。

他们对于观众和玩家心理、传播学、上瘾机制的理解与使用可谓炉火纯青。如果你有研究过现象级产品的运营模式，你就会发现，持续创新是一款内容产品的生命线，对于短视频创作者而言也是如此。

　　我之前访谈过很多短视频创作者。他们当中有人在 2018 年就有超百万的粉丝，但苦于无法变现；也有人在一段时间内遇到瓶颈后放弃更新。说到底，这都要归因于短视频观众的需求是动态变化的，短视频创作者不可能靠一招吃遍天下。

　　因此，围绕市场和观众需求持续创新，是每一个短视频创作者的使命。

　　抖音创作者"小小莎老师"在 2020 年之前是一位旅游内容创作者。后来旅游市场遇冷，因此她在进行了调研与分析后，决定转型为穿搭博主，并凭借优雅的气质与丰富的穿搭建议，吸引了一大批的精准粉丝，还在 2021 年和 2022 年荣获了"抖音服饰潮流官"的称号（见图 7-2）。

图 7-2

7.5　构建关联性

　　短视频观众的记忆力非常有限。你想塑造的东西越多，观众就越记不住你。因此，做短视频一定要放大自己最闪亮的那一点，让观众将亮点与你关联起来。

　　我曾孵化过一个名为"家装看亮哥"的账号（见图 7-3）。在策划之初，我就明确了一个核心的价值点：告诉观众怎么才能买到"高性价比家具"。在这个理念下，凭借一条视频在短短一周的时间内获得了超过 8 万的粉丝。当观众想要买"高性价比家具"时，就能立刻想到"家装看亮哥"。这就是在无形中将亮点"高性价比家具"和账号"家装看亮哥"进行了关联。

图 7-3

7.6　社交货币

分享是人的一种天性和本能。因为人是群居动物，所以我们需要通过互换有无、表达观点来获得他人的关注，找到归属感。科学家在扫描人类大脑时发现，当人们在分享时大脑所激活的区域和金钱、食物激活的区域相同。正是因为人类喜欢分享，才能互相协作、共同面对挑战，让文明不断延续和发展。

社交货币及特性

社交货币指的是，人在社交活动中信息流动所产生的社交价值。简单来说，如果想让观众分享你的作品，那么你的作品必须满足观众的某些利益。这种利益不一定是金钱或物质，只要能帮助观众达成社交的需求，他们依然会乐于分享。

一般来说，社交货币具备 5 种特性：提供谈资、代替表达、帮助他人、塑造形象和社会比较。

第一种特性：提供谈资。

谈资是一种社交货币，能创造价值。拥有谈资的人更受大家的欢迎。构建谈资型内容时，要推测人们喜欢谈论的内容。蹭热点就是一种方式，比如明星、八卦等，再将其关联到自己的业务上。

新闻类型的内容特别容易成为人们关注的焦点，变为谈资。比如，马斯克的一举一动都会成为大家关注的焦点，哪怕是他去游泳时被拍到的身材照片都能迅速霸榜。

第二种特性：代替表达。

很多时候，观众没办法或者根本不知道如何表达。若你的短视频表达出了他们的心声，这个视频的内容就具备了社交货币属性。洞察观众想表达什么？利用观众的表达欲进行传播是社交货币的特点之一。

比如"成大事的人一般有这四个特点"之类的内容，其中哪怕有一点戳中观众，都很有可能驱动观众的点赞、评论和转发。用好社交货币，重点就是站在观众的角度去替他们说话。

第三种特性：帮助他人。

每个人都想要在社交活动中体现自己的价值，而利他就是最直接的方式之一。通过短视频，向观众提供有用的信息，帮助别人即可促成分享。比如"甲醛智商税"告诉观众如何避开消费中的陷阱。大多数人都希望自己能够给别人提供帮助，因此观众会更愿意把内容分享给有相应需求的亲朋好友，以此获取社交货币。

第四种特性：塑造形象。

观众为什么更愿意给朋友分享一些有趣搞笑的视频？分享可不只是因为这条内容好笑，而是观众希望通过分享而让朋友觉得自己很有趣。

人们更愿意分享让他们脸上有光的事，通过分享有趣有料的短视频来塑造自身的形象并得到他人的认同。因此，我们在创作短视频的时候，要给观众的分享找到一个合理的理由。比如"以前的妈妈和以后的妈妈"这条短视频把九零后父母和七零后父母进行了对比，把生活中很有趣的情景做了还原，引发了观众们的共鸣，获得的点赞量超过 190 万，转发量超过 66 万。

第五种特性：社会比较。

在每个人的心里，总会主动或被动地与身边的人进行比较，想要知道自己在社会里的位置。利用这种与生俱来的比较心理，为观众创作这种引发比较的内容，同样可让观众找到自己的定位，引发分享欲。微信步数排行榜、支付宝账单、网易云年度歌单等，都利用了这种心理。

社会比较，就是要满足观众"秀"的欲望。我们的重点就是帮观众"晒"，满足他们的比较心理。"95% 的人月收入都低于 5000"这条视频，引发了观众的疯狂讨论，就是因为它用到了社会比较的方法。

7.7　社交成本

社交成本，是与社交货币相对的一个概念。

你身边有没有朋友经常让你在拼多多上帮忙"砍一刀"？拉人"砍一刀"是拼多多强大的拉新运营手段。如果是你，你会选择身边的哪些人帮你"砍一刀"呢？以我为例，我生活在北京，当我想从拼多多上买东西时，会把"砍一刀"链接发送给身边的亲人或者挚友，但我绝对不会把它分享给我的领导，更不会分享给与我有商务关系的合作伙伴。

你有没有发现，在互联网上分享内容，其实对于我们自身来说是有"成本"的。我无法确定麻烦领导或合作伙伴"砍一刀"这件事会不会对我造成负面的影响，所以我放弃向他们传播"砍一刀"的内容。

拼多多早期在下沉城市和下沉市场的发展是极为迅速的，这是因为小城市或者村庄中，人们见面的机会更多。所谓"见面三分情"，村头的王婆见到村尾的李婶，请求帮忙"砍一刀"不过是顺水人情。在小城市大家感情熟络，传播内容的社交成本也会因此降低。

为了提高短视频的传播效果，增加社交货币和降低社交成本是短视频创作者需要考虑的重要议题。

你身边有没有这样的朋友，他们在日常生活中沉默寡言，但是在网络中侃侃而谈，似乎变成了另外一个人。这背后涉及心理学中自我、本我和超我的基本概念。

本我，可以简单地理解为原始的、无意识的和本能的，它要满足本能冲动和欲望，比如吃饭、睡觉等与生俱来的本性；而自我，是从本我中逐渐分化出来的，位于人格结构的中间层，在这一层中理性与感性相互较量，它遵循现实原则，以合理的方式来满足本我的要求；超我则是理想中的，它代表了我们想成为什么样的人，在某些方面和本我是相对的，它会抑制冲动，严格要求，甚至追求更加完美的人格。

人们在社交传播中更愿意展示"超我"，比如自律，不爱展示"本我"，比如好吃懒做。

在某些条件下，超我和本我是对立的。

在对待短视频上，人们也更喜欢展示"超我"。比如，人们在视频号里给交响乐视频点赞，其背后的心理是"身边的朋友都可以看到我喜欢交响乐，让他们觉得我是一个有品位的人"，从而展现"超我"（见图 7-4）。

图 7-4

但是我们会看到，那种"抱怨领导""教人辞职"的短视频就很少有人点赞，因为你在视频号中点赞的这条视频，也会被你的领导看到（无特殊设置的情况）。当你的领导看到你点赞后，不知他会作何感想。哪怕你不是针对领导，这样做依然会影响你们的关系，这无疑增加了"社交成本"。

你有没有经历过这种时刻，辛辛苦苦编撰了一条朋友圈，发出去后迅速删除，脑子里一直担心别人看到这条朋友圈会怎么想，也就是说，你将这条朋友圈发出去的那一刻，你就付出了"社交成本"；在抖音和其他平台，我们的社交关系相对较少，你设置了"隐私"功能，别人也不知道你到底看了什么内容，这样就具备了"匿名"的属性，"本我"的状态就会更多地表现出来。

那么在社交传播中，除了花钱投放，还有什么驱动着观众帮我们做传播呢？什么样的内容更容易出爆款呢？不同的短视频内容可以诱发不同的用户行为（完播、点赞、转发、评论和收藏等），这背后通常是因为用户的情绪发生了变化……

7.8 社会共识

"社会共识"是指，在一个群体或组织中，个体的观点、信念、态度和行为趋于一致的现象。社会要作为一个统一的整体存在和发展下去，就需要社会成员对于该社会有一种"共识"。这种传播现象通常都有一定的智慧性，需要能够从一个事物巧妙地联想到另外一个事物。这就好像是一种你中有我，我中有你的传播文化。

我想你肯定在不同的短视频中看到过峨眉山的猴子。它们有的抓游客头发，有的抢游客手机，其种种劣迹被全网指责。

不知道从什么时候起，峨眉山与"猴山"划上了等号。猴子们的爆火与短视频平台脱不开关系，因为在传统媒体主导的时代，不会有这么多手机可以实时地把猴子们的恶劣行为曝光。那为什么峨眉山的猴子成为动物界的"顶流"了呢?

前面的章节我们提到过,做好短视频的关键是爆点前置,也就是在画面的前几秒就牢牢地吸引住观众。而峨眉山猴子的暴力往往代表着一种"冲突"。当冲突发生时,完播率和评论率自然会上升,进而形成热点。去峨眉山的游客千千万,拍猴子的人多了,便会给大众留下"峨眉山猴子很粗暴"的固有印象。这个现象是非常可怕的,固有印象会像标签一样,哪怕日后峨眉山的猴子"改邪归正"了,也很难再把这个标签撕下来(见图 7-5)。

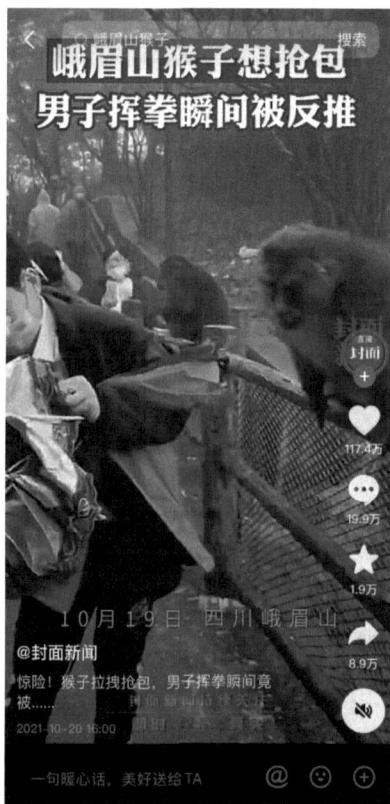

图 7-5

案例：广告中的社会共识

2021 年 6 月，广受青年人喜爱的"蜜雪冰城"发布了一条作品，内容是"你爱我，我爱你，蜜雪冰城甜蜜蜜。你爱我，我爱你，蜜雪冰城甜蜜蜜。你爱我呀，我爱你，你爱我，我爱你，蜜雪冰城甜蜜蜜"（见图 7-6）。

图 7-6

这条短视频看似简单，实际上用了两种很有效的传播方法：第一是重复，将简单的内容，在传播时不断重复，可以让观众更有效地记住；

第二是母体语言，这首曲子本是一首美国乡村民谣，在全世界都很有名，小时候我们的妈妈几乎都给我们唱过，因而可以极大地激发共鸣。

这条短视频不仅本身获得了大量的点赞和转发，观众还围绕短视频开发出了很多二创内容。有的网友去蜜雪冰城门店打卡，有的让自己家萌娃合唱，甚至有创作者别出心裁地用计算器演奏出了这首曲子，收获了超过 55 万的点赞（图 7-7）。

图 7-7

在这一过程中，因为观众的广泛参与，形成了新的"社会共识"。当人们听到这段耳熟能详的曲子时，是不是也想来一杯蜜雪冰城的饮料呢？

7.9 视频号中超好用的六度传播法则

1993 年上映的电影《六度分隔》中提出了一个非常有趣的概念——在这个世界上，任意两个人之间，只隔着 6 个人。只要找到正确的 6 个人，我们就能联系上任何人。也就是说，我们和任何一个陌生人之间的间隔都不会超过 6个人。互联网的出现又加强了这一连接效率。近期的研究表明，在社交网络中，人与人之间平均只隔着 3.57 个人。这意味着，在社交网络中，通过不超过 4 个人就能将信息传递到任何一个人的身边。

视频号是一个社交属性极强的短视频平台。在视频号中，点赞即传播，也就是你的微信好友可以看到你点赞了哪些视频。关系越熟络，看到的几率会越高。视频号重视用户之间的关系。朋友可以很方便地将短视频转发到朋友圈和社群。创作者如果懂得基于社交关系去设计短视频内容，往往可以在视频号起到意想不到的传播效果。

7.10 引导观众情绪和行动

《头脑特工队》讲述了 5 个极具特点的情绪小人的冒险故事，乐乐、怒怒、忧忧、怕怕和厌厌——分别对应着情绪中的喜悦、愤怒、哀愁、恐惧和厌恶。这五种"基本情绪"是人类与生俱来的情绪。

随着年龄及阅历的增加，人的情绪也会变得更为复杂，在认知、情感等不同层面上会加以组合形成"复合情绪"。情绪受到社会、媒介等多方面因素的影响，每个人复合情绪的数量不尽相同，所以，如果考虑到复合情绪，"情绪特工队"成员可就要数以百计了。

为什么我们在观看短视频时会控制不住点赞和评论？这其实都是因为大脑控制了你的情绪。所以，引发观众的情绪变化，是短视频创作中的重要一环。

那么观众在看短视频过程中会产生哪些情绪呢？

北京航空航天大学的先进网络分析研究小组，对 7000 万条微博和 20 万个活跃用户数据进行了情绪分类和波动分析。根据他们对愤怒、厌恶、高兴和低落 4 种情绪在传播上的影响的研究，结果惊人：愤怒情绪传播效率最高，甚至远超高兴情绪，而低落情绪的相关性出乎意料地小。

在梨视频首页"社会"版块下，抽取"每日社会"版块综合排名前 100 个且有评论内容的短视频，就会发现一个令人惊奇的现象：那就是当作品标题情绪为中性时，点赞和评论数量最少；当作品标题为正面情绪时，点赞数最多。

这都印证了一句老话："好事不出门，坏事传千里。"

在人类的进化过程中，生存是一个恒久不变的话题。一些创作者能够通过"贩卖焦虑"的方式获取流量，根本原因就是"焦虑"是人与生俱来的一种情绪。看到一个坏消息，我们大脑当中就会判断这件事"会不会威胁自己的生存"。因此负面信息较之正面信息来说更具有弥漫性和扩散性，在一些新闻短视频中尤其如此。在这些视频中，表达负面情绪的"震惊""愤怒"等词语的使用频率要比表达正面情绪的"感动""点赞"等词语的更高。

观众的行为，不仅仅是"评论、转发、点赞"。短视频是"视听语言"，包含了背景音乐、字幕，在观众与创作者之间建立"一座桥梁"，令观众获得共情体验。

在《影响力》一书中解释了人们为什么会喜欢罐头笑声（情景喜剧中某些桥段加入的笑声录音）。我们会利用他人的笑声来帮助我们判断这个内容是不是好笑的。

为什么人们看到其他人打哈欠时，自己也会被感染？科学家发现，人脑中有一种叫做镜像神经元的细胞在起作用。镜像神经元是人类模仿他人动作的基础。这种模仿同类的神经元可以成为人与人社交活动的"桥梁"。

案例：幽默语言引导观众情绪

"导游任我超"账号创作者阿超，把他在蜈支洲岛观光车上的讲解视频发到抖音上，以幽默的语言获得了很多观众的点赞。在观光车上，游客心情放松，阿超在讲解一些有趣的笑话时，游客们的笑声也穿越了时空，打动了手机屏幕前的观众，观众在愉快的情绪的驱动下而点赞。

为什么搞笑和愤怒的视频可以获得大量的点赞和评论，而悲伤的视频却很少出现百万点赞量的大爆款呢？

从信息传播的效果看，情绪不仅可以分为积极、消极、中性，还可以继续细分为"积极高唤醒、积极低唤醒、消极高唤醒、消极低唤醒、中性"五大类（见表 7-1）。

表 7-1

情绪分类	带来的效果
积极高唤醒	惊奇、敬畏、兴奋、激动、快乐
消极高唤醒	愤怒、恐惧、焦虑
积极低唤醒	满足、知足、放松
消极低唤醒	悲伤、伤感
中性	尴尬、渴求、困惑、怀旧、释然

在短视频中，创作者要善于利用"高唤醒"内容，想想你在抖音上看到的"恐怖视频剪辑"，是不是有很多观众在评论区说："吓得汗毛都立起来了。""高唤醒"内容可以极大地调动你大脑的"杏仁核"发生反应。睡眠专家一直提倡不要睡前看短视频，就是因为很多内容都具备"高唤醒"属性。一旦情绪被激活，就自然不容易入睡了。

案例：经典"高唤醒"内容

"美联航摔坏了我的吉他"这条短视频作品被《时代》周刊评为2009 年最热门的十大视频之一。经过是这样的，加拿大歌手卡罗尔从加拿大乘坐美联航航班去往美国，因为价值 3500 美元的吉他在托运的过程中被暴力损坏，不仅维修花费了 1200 美元，而且吉他的音色也大不如前。在经历了美联航服务部门"踢皮球"式的服务后，卡罗尔十分气愤，决定通过一首歌曲让大家了解自己的遭遇，于是这个短视频就诞生了。

这个作品在 24 小时内就收到了 500 条评论，不到 4 天点击量破百万，十天内点击量达到 300 万次，评论超过 1.4 万条。美联航股票在短视频上传四天内下跌了 10%，损失约合 1.8 亿美元。美联航也迫于压力，给卡罗尔付了赔偿金。

这就是"高唤醒"内容的魔力。

7.10.1　提升娱乐度

我经常会接到一些客户咨询，尤其是教育、知识赛道的创作者。他们纷纷表示花了很多心血创作的"深度内容"的短视频流量往往非常差。他们的问题是，缺乏"用户（观众）思维"。

因为，具备"轻松"和"快乐"等正面情绪的知识内容才具备传播性。

尤其是，如果你的目标观众的定位为一二线城市的年轻人，他们的压力普遍比较大，工作了一天回到家已经十分疲劳了，打开手机就是想放松一会儿，如果此时还想用"深度内容"获得关注，效果则很难保证。

观众看到什么会感到愉快呢？

第一，快乐和幸福的情景。无论是爸爸妈妈还是妻子兄弟，在其乐融融的家中发生的一些有趣的事情，都会让观众感到很熟悉，从而回忆起自己在家庭中的温暖和幸福，比如"疯狂小杨哥"经常拍摄的那些家庭喜剧。

第二，令人发笑的喜剧，幽默的笑话改编、滑稽的表演、有趣的解读等。

第三，具备一定讽刺、调侃内容的视频，如讽刺某个社会事件或文化现象、讥讽自己或他人等。

第四，缓解紧张和压力的视频，例如某些出糗的人和动物、搞笑的名场面都可以有效地释放观众压力。

那么有哪些方法可以让创作者有效提升视频的娱乐属性呢？

- 平日多看一些网络上流行的笑话，并且看看哪些可以和自己的短视频加以结合。有些创作者就是根据笑话改编情景喜剧而获得了大量的关注。
- 可以借鉴或模仿一些喜剧中的经典桥段进行翻拍。观众对经典桥段足够熟悉，经过有创意地翻拍，会给观众耳目一新的感觉。
- 通过夸张讽刺的手法揭示某个社会现象。"papi酱"经常会针对一些时下有趣的社会现象来进行创作，在讽刺的同时替观众表达了心声。
- 增加一些有趣的表情包，可以有效地提升视频的娱乐属性。

7.10.2 屡试不爽的反转法

值得单独讲一讲的是"反转"。在喜剧中，反转是一种常用的手法，通常会给观众一种意料之外情理之中的感觉。通过反转，短视频可以打破观众的预期和陈旧笑点，从而使其更为有趣和出色。

以下是一些短视频中常用的反转手法。

- 意外法：视频在某个关键时刻出现了意外，例如一对情侣正在海滩上非常浪漫地散步，突然被一个海浪打翻，浑身湿透，满脸泥土。
- 变幻法：在故事情节中突然改变某些角色或事件的发展，例如某人的真实身份揭晓、某个事件的真相浮出水面等。
- 颠覆法：以一种出人意料的方式，给故事情节带来一个令人惊讶的结局。比如，某老年人脚趾突然变成蓝色，经过长时间手术治疗后，结果发现是袜子掉色引起的，结局比故事开头更加有趣、出乎意料。

反转是一种非常有效的视频手法，可以极大地提升视频的趣味性。

当然，这里并不提倡所有创作者都为了娱乐而娱乐，创作者应根据自身定位、目标观众及客观环境来调整作品的表达。

《娱乐至死》一书的观点是："人们容易沉溺在现代媒介制造的愉悦中无法自拔，这会让人们丧失严肃思考的能力。"我的看法虽然没有如此悲观，但是目前短视频确实呈现较为碎片化的情况。我们看了数个小时的短视频，但是依然什么都记不住，是因为视频表达的是某个具体的瞬间，它展示的瞬间是不连贯的，没有前后关系的。

比如，有人拍了一段打人视频并发布到了网络上，观众会被视频内容所吸引，但是人家其实是在拍戏，后面导演叫停的画面被隐瞒了，而观众则笃定这就是一条"打人视频"而不是拍电视剧。它展示的就是某一个碎片的记录，无法让人有前后逻辑的思考。

在"报纸时代"，内容的生产者是记者和编辑；现在的短视频，内容生产者是我们持有手机的每个人。有的人为了博眼球、吸引流量，丑态毕露。因此，视频审核工作现在变得异常重要。媒介环境就像我们的自然环境一样，需要大家一起来保护。

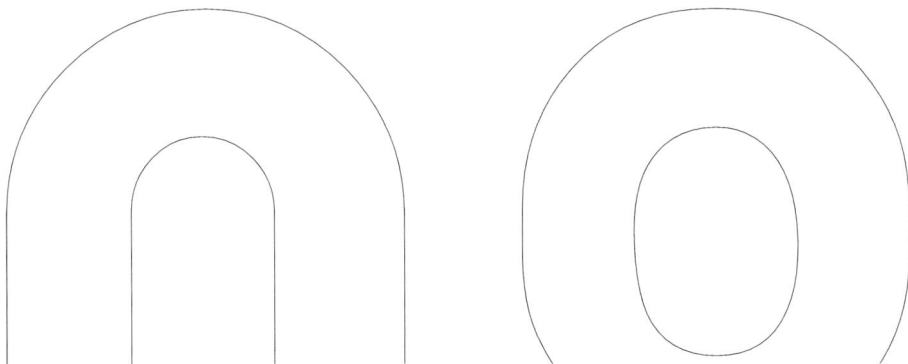

第 8 章　提升转化率与收入
——短视频营销实战讲解

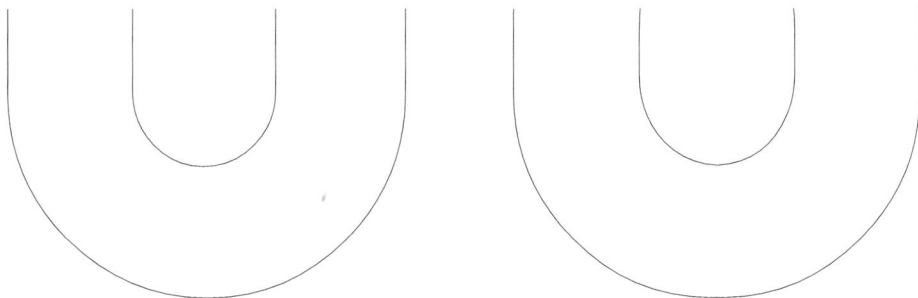

　　抖音电商"交个朋友"的 CEO 黄贺曾说过，直播间只要有 10 个人同时在线，就够养活一个小团队了。在现实中，一家实体门店通常仅有两三个销售人员。要是有 10 名顾客同时进店咨询，根本就忙不过来。而在线上，很多知名品牌的抖音直播间动辄几千人在线，甚至会出现十几万人同时在线的盛况。

　　互联网放大了个体的能力。优秀主播脱颖而出，明星达人纷纷入场，成为新时代的"顶流"。短视频平台已经成为这个时代最重要的销售渠道之一。

　　《营销的"营"与"销"》一书中说到，"营"是指市场——Marketing，"销"指是指销售——Sales。传统媒体时代"渠道为王"，很多企业都把市场部门和销售部门分割开来。而今天的"内容为王"，"营"和"销"更趋向一体化。

　　在短视频平台，如何通过内容找到精准用户，为用户创造价值，从而获得利润回报，并让他们持续关注你，是这个时代创作者和企业的必修课。

8.1　别让观众思考太多

人的大脑中有两套系统：其中一套系统 A 负责无意识思考，完全自主控制；另一套系统 B 负责复杂的思考，它依赖于客观条件及数据，人必须要集中精神。

比如，当你走在路上，一辆汽车朝你快速驶来，你会下意识地躲避，此时大脑调动的就是系统 A，帮你避免危险。当你缓过神来想"这辆车为什么要撞向我"时，大脑会调动系统 B 来做复杂分析（见图 8-1）。

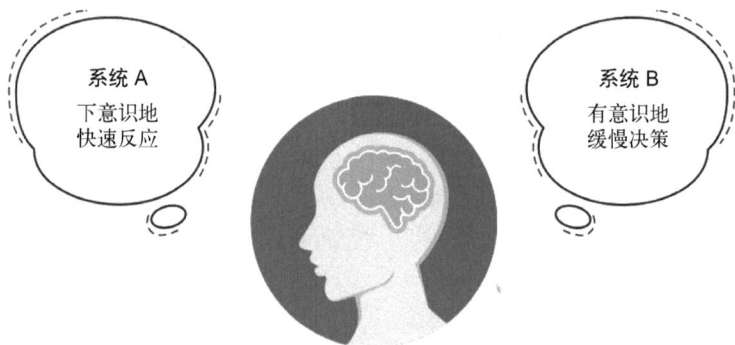

系统 A
下意识地
快速反应

系统 B
有意识地
缓慢决策

图 8-1

观众在看短视频的过程中，也在潜移默化地进行着系统 A 和系统 B 的转换。

短视频平台上的内容庞杂且分散，人的注意力却是有限的。如果观众一直在使用系统 B 做决策，那么大脑肯定会"冒烟"。

"情绪导致行动，逻辑导致结论。"

如果用短视频促进销售中，我们更应关注系统 A，通过调动观众的情绪使其快速决策。在这一点上，很多人都做错了。他们让观众反复思考和对比，最终导致观众流失或者转去其他平台购买。

观众要想"货比三家",无需在空间上移动,只要动动手指,就能查到一款商品在全网各个渠道的具体价格。这也解释了低客单价商品(小玩具、纸巾等)比较好卖的原因:它基本不需要调动观众的系统 B 去做复杂决策。

于是就有人下定论:"短视频平台就不适合卖高客单价的商品!"但是,我们也发现,汽车、电动车这么昂贵的商品也会在短视频平台做营销,这是为什么呢?很多人对于营销的理解就是销售。在我看来,"短视频营销"可以具象为:**在短视频平台上能帮行业、个人、企业实现有效经营的内容**。它包含达人投放、直播和矩阵化运营等……

8.2　利用营销漏斗寻找营销机会

"营销漏斗"用来展示消费者从发现产品到购买产品的整个过程。

早在 1898 年,广告学家 E.S. 刘易斯就提出了 AIDMA 模型。从这个模型可以看出,消费者从接触到商品信息,到最后付款购买,会经历 5 个阶段:注意到商品信息(attention),对商品产生兴趣(interest),引起购买欲望(desire),在脑海中留下了商品的记忆(memory),最终付诸行动(action),这也是 AIDMA 模型名字的由来(见图 8-2)。

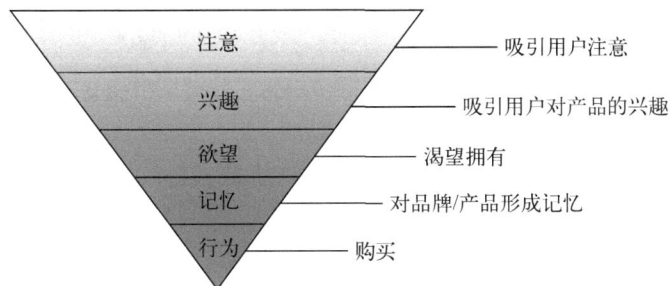

图 8-2

现在，我们假设新手小王要开一个奶茶店。根据 AIDMA 模型，他需要做以下几步。

第一步：小王需要在奶茶店周围发传单。这时，路过的行人的注意力（A）就被吸引过来了。他还可以请一些探店人员前往打卡。被传单吸引过来的路人一看，这个店这么多人排队，应该很棒呀。这个就是引发兴趣（I）。

第二步：小王可以在店门口摆上很多真实的茶叶罐子，用高高的玻璃瓶装满各式各样的茶叶，表明奶茶是真正的茶叶泡出来的，跟那些用粉末兑出来的完全不一样。小王还在店门口派发一些试饮的小杯装奶茶。大家一喝，觉得味道不错，就有了想喝的冲动。这个就是勾起欲望（D）。

第三步：大家进到店里准备买奶茶时，看到店内的装潢、店内人员和其他奶茶店的不同时，就会对小王的店留下印象，从而形成记忆（M）。

那么，从引起注意、兴趣到勾起欲望，让用户形成记忆，小王的目标是什么？当然是顺利地把奶茶卖出去。小王为了留下客户，便告诉大家今天有优惠，买一送一，相当于打了五折，于是顾客掏出钱，买了两杯奶茶。这个就是引发行动（A）。

回顾过往所见，我发现很多创作者都陷入了一个误区：认为先把账号粉丝量做起来，之后的变现和商业化就是水到渠成的事，但正是这种思维导致很多创作者虽然获得了不少的粉丝，但是因为无法赚钱而放弃。

合理的思路是，先思考怎么挣钱、服务哪些群体、卖什么产品，再去有针对性地创作内容。

媒介会直接影响观众的行为，导致营销漏斗变形（见图 8-3）。

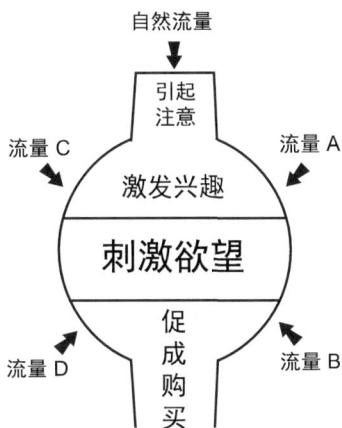

图 8-3

在过去，电视节目是没办法识别男女老少和兴趣偏好的，所以它是一个大口径漏斗，在引起注意这一环节，电视节目是一视同仁的；但是现在短视频平台凭借更精准的算法，会将短视频作品或直播内容推荐给更精准的人群，也就导致漏斗的初始口径会随之缩小。当大数据识别出你对某个内容/商品感兴趣时，在"激发兴趣""刺激欲望"环节，观众会被更多的内容所影响，导致漏斗腰部变大。

以视频号举例，某个观众本来因为某件商品太贵离开了直播间，但某个社群里又有人发布了这个商品的软文，让其再次燃起了兴趣，而重新回到直播间买下了商品。

现在互联网的"流量触点"非常多。只要观众是品牌的精准用户，品牌就会想办法让观众在各个媒体渠道都能看到它。对创作者来说，分析"营销漏斗"的结构并有的放矢地调整营销方案有助于提升转化率。

8.3　短视频变现——广告

8.3.1　短视频广告利益相关人

一般来说，短视频广告涉及 3 个角色：广告主、广告代理公司及短视频创作者（也常简称为"达人"）。三者各司其职，相互配合。

广告主就是品牌、企业或商家等有推广需求的个人或组织，是销售或宣传自己产品或服务的商家，也可能是联盟营销广告的提供者。通俗点说，广告主就是大家常说的"金主"。

广告代理公司是提供市场营销服务的公司，可以为广告主提供定制化的全流程广告代理服务。这类公司拥有着更多的广告渠道资源和达人资源。广告代理公司主要起到中介的作用。在变现流程中，广告主可以直接和短视频创作者合作，不仅节省大量费用，短视频达人也能够获得更高的收益，因此广告代理公司并不是必要的角色。

尽管如此，很多大型企业及知名度高的品牌依旧会选择和广告代理公司合作，毕竟广告代理公司的管理能力、视觉包装能力和策划能力都更稳定。在专业团队的运营操作下，广告变现的整个流程会更加顺利。

短视频创作者（或短视频团队）是短视频广告变现的最关键因素。毕竟，广告的策划、拍摄、出镜、内容、后期剪辑等一系列工作流程都要由短视频创作者来完成。

站在短视频创作者的角度，不仅要考虑广告主和自己的收益，更要考虑是否能够为自己的观众带来优质的产品，同时还需考虑短视频的内容质量。这就要求短视频创作者必须打破传统广告的思维模式，站在观众的角度思考，注重观众的体验。只有全方位地考虑问题，才能打造高转化率的短视频广告。

8.3.2　短视频广告变现流程

在短视频相关的多种变现方式中，广告是一种较为直接的变现方式。只要创作者拥有一定数量的粉丝，并在视频中植入广告主的产品或服务，就有机会获得广告收入。短视频的广告变现也有多种形式，如冠名广告、浮窗广告、贴片广告、植入式广告和销售广告等。

例如，某短视频创作者以"带男朋友买衣服"为场景，在短视频末尾植入一个颇有创意的购物 App 的广告，以此达到营销的目的。创意式广告植入凭借的是优秀的创意，观众较容易接受，所以变现效果好。随着短视频创作者的经验越来越丰富，变现效果也会越来越显著。

从广告主（甲方）的角度来看，短视频广告变现的流程一般分为以下 5 步（见图 8-4）。短视频创作者可以根据甲方的流程和要求，规划自己的创作。

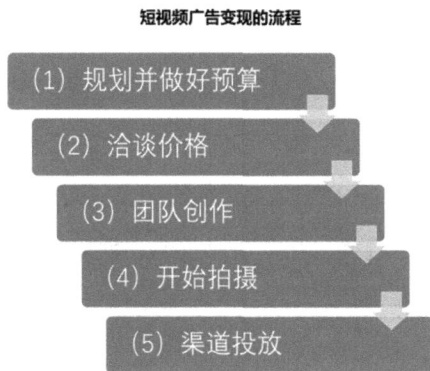

短视频广告变现的流程

（1）规划并做好预算

（2）洽谈价格

（3）团队创作

（4）开始拍摄

（5）渠道投放

图 8-4

（1）规划并做好预算：当广告主计划为产品或服务打广告时，首先要对广告预算进行规划，选择广告代理公司或直接选择达人进行沟通。

（2）洽谈价格：当广告主明确自己的推广需求之后，根据合作方式、投放广告的时长、短视频创作者（达人）的影响力和粉丝数量等各方面条件，与合作方商议价格，以一个双方都满意的价格达成合作。

（3）团队创作：广告主和短视频创作者充分沟通各种重要事项，商谈内容、脚本等细节。

（4）开始拍摄：在创作时，广告主或广告代理公司会对短视频内容的质量进行把控，降低后期需要修改的风险。

（5）渠道投放：短视频制作好之后，需要投放到相应的短视频平台，吸引观众，并对后期的宣传进行维护。

8.4 短视频变现——"种草"带货

"种草"是一个网络用语，简而言之就是分享、推荐某一商品的特质，以激发他人的购买欲望。"种草"存在于我们生活的方方面面，比如，对某产品优秀性能的分享、各网络平台上关于产品体验的介绍。"种草"无论是有心还是无意，都有可能改变受众对产品的认知，引导产品的舆情走向。

短视频"种草"并引导卖货，创作者可以直接在短视频中展示某款商品的功能、特色、细节，引导和满足观众的需求，从而使其做出购买决策。

通过短视频下方的链接，观众可以跳转到创作者的店铺或京东、拼多多等第三方平台小程序。

"种草"带货是一种极为重要的短视频商业变现方式，可分成 3 种类型。

8.4.1 投放型

这个类型的本质是"流量合作"。短视频创作者可能不是专门的带货卖家，而是流量和商品的链接人。他通过短视频获得广告费、销售分成或者其他的商业合作利益。"种草"带货的具体合作形式有两种：一是所谓的内容种草，即用有创意的内容刺激观众购买短视频所介绍的商品；二是"短视频"引流，也就是挂商品跳转链接，观众购买商品的同时，还为广告主沉淀了用户。

案例：投放型

"乔七月"的视频往往通过有创意的内容来刺激观众购买短视频里所介绍的商品。例如，视频通过对比前男友与现男友的区别，让观众看到现男友会细心地照顾乔七月的口味，去旅游时会特地约好摄影师拍照，在乔七月脱妆时准备好"花西子蚕丝蜜粉饼"，而观众可以通过这个有创意的短视频了解到花西子蚕丝蜜粉饼的很多优点：体积小，不占地，粉质细又控油。

这条视频的点赞量高达两百万。这也意味着这条视频的曝光量也很大。当观众了解到该商品的优点，刚好自身又有需求时，便可以通过视频下方的链接进行购买。

8.4.2 专业卖家型

专注某类商品的卖家可以通过短视频账号打造人设，与粉丝建立信任。信任来自两部分，一是自身的形象标签，比如简单、耿直、诚信、厚道、靠谱、不圆滑、不世故等，目的是让粉丝可以踏实地购买自己推荐的商品；二是成为所属领域的行家，特别是在一些消费者所受教育水平较高的细分行业，"行家"标签有助于强化粉丝信任感。

同时，短视频带货内容不会使用老套的直接卖货的方式，而是融入商品知识，兼顾娱乐趣味性、情感表达、创意性，提高视频内容的可看性与互动性，以便获得更多流量推荐。基础的信任建立之后，邀请粉丝进入自己的私域，通过一对一微信沟通、朋友圈、直播等方式，更容易促成交易。

8.4.3　专门"种草"型

好物"种草"不是对产品推荐的汇总，而是推崇一种生活方式，这是因为生活方式背后的核心是价值观。价值观不是一个大而空的概念，它早已渗透到人们生活的方方面面。以"房琪 kiki"为例，她打造出了"奋斗励志"的个人标签。视频中每个看起来很小的观点、认知，都是她"自我奋斗，自强不息"价值观的具体表现。

现在很多自媒体在做的，就是将一些观点结合时事热点、日常琐事、故事等进行包装和放大，在社交媒体上引爆。短视频同样可以结合账号目标人群定位和倡导的生活方式，规划出可能引发目标人群共鸣的价值观标签，并结合时事热点、故事，从不同角度表现它、塑造它、强化它，最终打造成 IP 的内核。

因此，不管是企业、商家还是个人，都可以组织资源，巧妙地展示产品特性，曝光引流，直接或间接促进产品销售。

8.5　短视频变现——咨询业务

个人可以持续分享某领域的知识，通过专业素养赢得观众的信赖，然后推介相关业务服务。比如，某个账号的定位是财经自媒体，日常分享生活和工作中的金融知识。那么在短视频下方的简介中，可以写明自己可以提供哪些金融方面的专业服务。像这种提供专业服务的机构或个人，都可以借鉴该模式，提供资产服务、法律服务、升学服务、医学服务、健身咨询、设计服务、保险服务等。对于专业人士，短视频可以很好地放大个人影响力。

8.6 短视频变现——直播卖货

经历多年的摸索后，直播行业现已形成了清晰、多元的变现模式。无论是各大内容平台，如抖音、快手、小红书，还是电商平台，如淘宝、京东，都有自己的直播入口。可见，直播已经是电商和短视频创作者的标配了。虽然目前抖音、快手等平台的直播已经发展得比较完善，但是由于其流量都属于公域流量，受平台技术的限制，创作者很难将观众（粉丝）引导至微信进行社群精细化运营。相较而言，视频号可以更好地实现"私域—公域"联动的营销闭环。

8.7 企业短视频 CKHA 营销模型

作为短视频流量操盘手，怎么由上至下地设计企业的短视频营销体系呢？CKHA 模型可能就是你的制胜法宝。

C（Centre，流量中心）可以理解成一个官方账号或者官方直播间，用这个流量中心来构建观众的"品牌心智"。当观众想要购买某个品牌的商品时，他在短视频平台直接搜索品牌名就能找到该商品。

K（Key Opinion Leader，简称 KOL，关键意见领袖）是企业在短视频平台上培养的"代言人"，比如格力的董明珠等。

H（Help，帮助用户）表示品牌或者产品能够帮助用户解决什么问题或者用户感觉你能帮他解决什么问题。可以不断地通过短视频（如开箱视频、教学视频等）和直播来放大影响力。

A（Action，用户购买）是一套针对不同观众的指令。因为在平台上需要针对不同的群体使用完全不同的"话术"，所以企业要构建一套恰当的"指令"，来帮助企业更好地销售商品。现在，企业通常会做一整套直播话术和产品手册来协助达人或主播做销售。

8.8　三个方法提升营销效果

品牌要通过创造和分发有价值、相关性强和持续连贯的内容来吸引并留住明确的目标受众，并最终驱动有利可图的用户行为。其中要思考的重点是，如何让用户感受到我们能帮其解决问题。注意，"用户感受到"甚至比"真的能解决"还要重要。抖音上有太多好商品，但是用户（也就是观众）感知不到。由此可见，我们有必要运用一些有效的营销方法。

营销本身就是一种"沟通"。下面介绍一些可以提升"营销效果"的具体思路与方法。

8.8.1　引导用户参与

1959 年，费斯汀格和梅里尔·卡尔史密斯做了一个非常有名的心理学实验。实验要求 60 名斯坦福大学的学生被分到 3 个小组做任务。

这是一个用时 1 小时的任务：前半个小时，他们需要把 12 个线轴放到一个盘子中，然后倒空盘子，再把盘子装满，如此重复；后半个小时，他们需要转动小钉板上的 48 颗钉子，但一次只能转四分之一圈，直到完成。任务非常琐碎且无聊，每个成员都很消极地完成了任务。

小组 1 完成这项任务后需要告诉外面等待的其他组"这是一项有趣的实验"，然后就能够获得 1 美元的奖励。小组 2 需要做同样的事情，但是可以获得 20 美元的奖励。小组 3 也要完成同样的事情，但没有任何奖励。

令人惊奇的是，为 1 美元撒谎的第 1 组学生认为实验比较有趣，而拿到 20 美元的第 2 组学生觉得任务十分枯燥。为什么会出现如此诡异的结论呢？

第 2 组学生得到 20 美元的"巨款"，所以认为这与参与枯燥的实验相符，理所当然。而对于得到 1 美元的第 1 组学生来说，他们处于一种矛盾状态。实验是枯燥的，但必须为 1 美元说实验是有趣的，此时他们处于认知失调（矛盾）状态。为了缓解这种状态，他必须坚信这个实验是有趣的。这种情况不单单发生在实验室中。

很多"追星族"也会产生认知失调。粉丝因为喜欢某位明星就为其过度美化，哪怕这个明星人设崩塌了，他们也会给自己的偶像找出很多理由来。

让用户来参与你的品牌建设。这种方法叫"让用户像妈妈一样照顾品牌长大"，让用户实实在在地感觉到参与了品牌建设，觉得自己的努力让品牌 / 个人博主变得越来越好了，从而找到价值感。

营销动作的出发点，是品牌或企业能为用户解决什么问题。这样才具备共创的可持续性。

8.8.2　利用禀赋效应

禀赋效应是指，一旦个人认为自己拥有某件物品，他对该物品价值的评价就要比未拥有之前大大提高。

康乃尔大学曾做过一个实验。在该实验中，将经济学专业的学生随机分成两个组。第一组学生得到了一个印有校徽的咖啡杯；而第二组学生什么都没得到。接下来，实验人员进行分组调查：得到杯子的第一组学生愿意以什么价格出售杯子，没得到杯子的第二组学生愿意花多少钱买杯子。对于经济学专业的学生来说，他们对价格的判断应该比较接近，然而，实验结果是这样的：对于第一组学生来说，如果平均价格低于 5.25 美元，他们就不愿意出售；而第二组学生则表示，如果平均价格高于 2.75 美元，他们就不愿意购买。心理学家反复测了几十个班级，送出上千只咖啡杯，结果都是如此。为什么会有这么大的差距呢？到底是哪里出现了认知问题？学生是随机分组的啊！其实，这就是典型的禀赋效应。

人一旦拥有某项物品，就不会轻易放弃它。

"7 天内无理由退货"就是一个使用禀赋效应的方法。有的人冲动消费，他收到货后也不愿意把东西再寄回去，一来是邮寄耽误时间，二来是他潜意识认为这件商品已经属于自己了。在消费心理学中，有一项研究结果表明，智能手机的触摸屏比不能触摸的电脑禀赋效应更大。

当用户使用智能手机购买商品时，会让大脑**产生已经拥有了这件商品的错觉。**

因此，要想让消费者放心下单，有 3 种方法特别好用。

- 多展示产品的细节，能和消费者使用场景相关效果最佳。
- 多描述这件商品未来能帮消费者解决什么问题。
- 引导观众多点击触摸屏（引导关注、评论等）。

这三个方法可以更好地放大"禀赋效应"。

8.8.3　重视"铁粉"

我们不只是把用户拉进来，还要让用户开心地留下来。

美国知名学者凯文·凯利曾提出"**1000 个铁杆粉丝**"理论。这个理论就是，无论你身处什么行业，只要你在这个行业拥有 1000 个被深度影响的铁粉，就足够让你挣到钱。当前，在短视频平台积累 1000 个铁杆粉丝相对容易多了。在漏斗模型中，我们可以看到，最终愿意为商品付费的用户是层层渗透下来的，大量的不精准用户已被过滤掉了。

传统的流量思维在于，不断地烧钱扩张，然后形成垄断。近几年，通过购买流量实现快速扩张的成本越来越高。互联网也从"增量时代"慢慢过渡到"存量时代"。抖音平台在 2022 年推出了铁粉机制，也就是你的短视频作品会优先推荐给铁粉。要想获得铁粉，就要**理解他们的需求，让他们持续愿意关注你，自愿完成新用户的裂变**。

小米品牌就特别重视铁杆粉丝。"80 后""90 后"是小米的重点目标群体。小米会根据粉丝的反馈意见对产品进行更新和改进。这种参与感和口碑效应在小米产品销售过程中发挥着最重要的推动作用。"米粉"会主动在短视频平台发布产品开箱视频，把合适的机型推荐给更多的人。

只要你能够从客户那里获得情感投入，并且与他们保持联系，你就能获得他们深度的支持。那些经常给你私信、评论区留言的熟悉面孔，一定不要忽视，多和他们互动一下，让他们渐渐变成你的铁粉。

8.9　矩阵化运营

经济学中有一个著名的投资理论叫"投资组合论"。与之相应的还有"不要把鸡蛋放在同一个篮子里"的民间说法。在短视频平台爆火的张琦，其团队在五一期间发布了 1000 条作品，她说在高铁上身边的乘客都在刷她的视频。因此，矩阵化运营能大大提升短视频成功的几率。那么，企业该如何搭建自己的矩阵呢？

8.9.1　细分矩阵——一个中心，多个流量点

在抖音平台搜索"美团"就可以看到，美团各条业务线都有自己的账号（见图 8-5）。

图 8-5

所谓"一个中心，多个流量点"，是指在短视频平台设立一个主账号代表自己的品牌。它是企业的流量中心，承接大的营销活动。各个业务线的内容都可以在"中心账号"上做宣传。随着业务的发展，一个账号没办法满足多条业

务线的营销需求。这个时候，业务可以根据自己的预算开设账号，也就是设置新的"流量点"，拉近消费者对于该业务的认知（见图 8-6）。

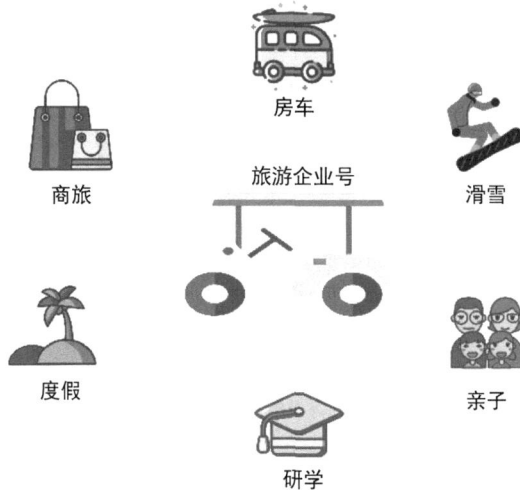

图 8-6

8.9.2　达人矩阵

KOL（Key Opinion Leader，关键意见领袖）通常是在特定领域或行业中拥有广泛认可和影响力的人。他们的意见和建议能够影响大众的消费决策和品牌选择。

"意见领袖"这一概念最早由著名社会学家拉扎斯菲尔德提出。后来，人们发现，这不仅是政治中的概念，购物、时尚，乃至生活等各个领域中，都有一批活跃的意见领袖。

在营销和广告行业中，KOL 经常被用于品牌营销活动。他们善于表达，可以通过各大平台来传播品牌信息和推荐产品。因其在行业中拥有独特的影响力，各个厂家生产出来的第一批商品都由他们来"体验""评测"。KOL 往往是"第一个吃螃蟹"的人。

有很多案例都直接证明，企业想要取得良好的传播效果，必须重视意见领袖的作用。

现在一说到 KOL，很多人就将其与"网红"划上等号，其实这种看法是片面的。那么，其他有潜质的 KOL 从哪里找呢？

首先，KOL 是指在社会中值得人们信任的人，在领域内获得了一定的认可且拥有专业知识。通常，他们都有自己独到的见解和核心观点。你可以通过查看他们的文章、演讲和视频等来了解他们的专业知识和影响力。

其次，在任何一个领域中，品牌方都会找 KOL 合作，通过 KOL 的社交媒体推广品牌的产品或服务。如果某个人经常与品牌（尤其是知名度高的品牌）合作，那么他可能就是你要找的人。

最后，许多行业会评选和表彰最具影响力的专业人士。你可以通过查看相关行业的奖项和荣誉来识别 KOL。

企业可以通过已经有一定粉丝规模的 KOL 投放来做营销，也可以自己培养 KOL。

首先，企业需要明确自己的目标受众，并选择合适的投放平台。例如，美妆品牌可以选择小红书，游戏推广可以选择 B 站和抖音。

确定好平台和受众后，通过各种方式寻找合适的 KOL。例如，通过账号私信、巨量星图、MCN 机构等，了解 KOL 的影响力、粉丝数量、受众人群等情况。同时，企业需要根据自己的品牌定位和推广目的，选择与之匹配的 KOL。

企业需要与 KOL 进行协商，向 KOL 明确自己的需求并与其制定合作计划。合作计划可以包括内容形式、推广时间、推广方式、报酬等方面的协商。内容这部分切记不可以完全交由 KOL 或广告公司去自主操作。很多情况下，企业对于自己的产品和品牌有足够的了解，但是 KOL 并不一定有深刻的理解，因此企业必须告诉他们明确的需求，并且对产出的短视频内容严格把关，否则最后就会出现效果不好、企业和 KOL 相互推诿责任的情况。

视频如期发布后，不表示就结束了。企业需要通过数据监测和分析，了解 KOL 投放的效果和受众反馈。例如，通过监测投放效果，企业可以了解推广效果、曝光率、粉丝互动等指标，从而调整投放策略，来提高投放效果。很多企业最大的失误就是把 KOL 投放当成"一次性"生意做，这会导致企业无法从中获益，KOL 口碑越来越差。

如果 KOL 投放取得了良好的效果，企业最好设立一个"KOL 库"，标记哪些 KOL 可以建立长期合作关系，共同推动品牌的营销和推广。同时，企业需要根据品牌发展和市场变化，不断调整和优化投放策略，提高营销效果和 ROI（投资回报率）。

8.10　从企业内部培养 KOL

全员营销是未来市场对企业的基本要求。全员营销是指企业中的所有员工都参与到营销活动中，共同推动企业品牌和产品的销售和推广。全员营销的目的是让企业的所有员工都成为品牌的传播者和推广者，从而提高企业的品牌知名度、影响力和销售额。企业中的每个人，无论职位和岗位如何，都应具备营销意识。这需要从企业的管理者做起，建立培养机制，让员工在社交媒体平台创作内容，然后从中筛选出那些具有创意、善于表达的人，把他们孵化成KOL。这非常有利于树立品牌形象，打造企业影响力。

员工对企业产品的理解相对更深，在商业化上会更有优势。企业需要做的是提供必要的支持和资源，例如提供拍摄设备、剪辑软件、素材库等，帮助员工制作高质量的社交媒体内容，激励自主营销的员工，营造营销氛围，搭建上升阶梯。

8.11　寻找关键意见消费者

关键意见消费者（Key Opinion Consumer），就是我们常听到的 KOC，也称"达人"。这个称呼总让一些人感到困惑，将其与 KOL 混淆。

KOL 更注重专业性和影响力，是品牌推广和营销的合作对象。他们通常有着光鲜的外表、超凡的表达力，以及专业的产品知识。

而 KOC 则更像是普通的消费者，注重个人信任和口碑传播能力。KOC 在社交平台上通常是普通用户，他们通过分享自己的消费体验和评价，向他们的粉丝和朋友传递品牌的信息并向他们进行推荐，从而增加品牌的曝光率和信任度。在品牌推广和营销中，KOL 和 KOC 都扮演着重要的角色。

在短视频平台，KOC 对产品的评价往往更能够体现普通用户的看法，这就让 KOC 体现更多的真实感，从而更能影响其他用户的决策。

小红书就是一个 KOC 云集的平台。为什么大家相信小红书上的"种草"内容呢？就是因为小红书上的用户有足够的真实感。比起"高高在上"的明星，有些人更愿意相信身边的朋友。对企业而言，KOC 是企业的营销"壁垒"，有助于企业传播内容、进行活动造势、挖掘用户故事……

那么，KOC 从哪里找呢？

第一，从忠实粉丝中寻找 KOC。

企业在发展的过程中会积累一批忠实的用户和粉丝。他们对产品很熟悉，善于挖掘产品的卖点。过去，消费者普遍更注重产品的使用价值和性价比；现在，消费倾向更加多元，人人都希望通过购买的商品来表达自己的价值观。正如《深度粉销》所说，"粉丝经济的最高境界就是让粉丝成为员工"。

第二，广发"英雄帖"，招募 KOC。

现在有很多人都是自媒体创作者，他们的影响力在短视频时代会越来越大。企业需要从他们中持续寻找优秀的人、有相关行业经验的人，然后与其建立互利关系。另外，企业还要构建一套达人的成长体系，而这属于专门的话题，在此不再展开。

8.12 短视频 IP 营销

Intellectual Property 译为"知识产权"，但在工作中，我们都称其为"IP"。IP 表达的是文化、价值观、世界观等精神层面的东西。它能够让人们在内心深处与之产生情感共鸣。前面章节曾提到，人们的注意力会因为内容碎片化而减弱。而 IP 可以更好地吸引观众注意力，现已成为各个企业连接消费者的利器。做好 IP 的本质就在于：现在及未来能更有效地链接商业场景。近两年来，IP 已经成为最受关注的热门词汇之一，而 IP 化运营也成为众多品牌，尤其是传统企业，突破发展的关键因素。

在电视媒体时代，普通人想做 IP 是非常难的一件事情。但在近几年，凭借短视频"普惠流量"和短视频平台环境的变化，越来越多的个人 IP 走进了我们的视野。

8.12.1 人设 IP

人设 IP 账号的成长要经历 3 个阶段：从无到有，从有到优，从优到强。

"从无到有"这个阶段的重点是理解平台流量及算法机制，找到账号核心价值观，找准人设与商业定位等。对于第一次做短视频账号的创作者来说，最大的障碍就是起步，原因并不在于这个阶段有多难，而是多数人有"心理包袱"，担心亲朋好友的看法，担心表现力不好……

我们把做账号比喻成一个爬山的过程，一开始就像在景区外买票，你不确定自己是否喜欢做短视频；向往山顶的风景，却不知道会遇到什么困难。有很多创作者买了设备，买了课程，交了咨询费，但一直没有开始做。这个阶段最重要的就是执行力，至少先进了山门再说。

"从有到优"阶段需要精耕内容，放大优势。在这一阶段，每个人都会遇到瓶颈。这时，你已经爬到半山腰，偶尔会出现一道险，挡住你的去路。你需要不断创新，寻找突破，同时也要优化文案、剪辑，在细节中锻炼能力。"交个朋友"金牌讲师大力曾告诉我："做账号就是一个不断重复'起量＋瓶颈'的循环。"

到了"从优到强"阶段，除了需要持之以恒地做好前两阶段的具体工作，更要练就整合资源、放大影响的能力。此时，山顶就在你的眼前，但千万要戒骄戒躁。在短视频平台上，"翻车"事件屡见不鲜。创作者要不忘初心，始终以观众需求为中心，才能长久健康地成长。

另外，如果说"从无到有"和"从有到优"阶段，凭借个人勤奋与得当的运营方法就能走上正轨，那么在"从优到强"这一阶段，需要具备对行业深刻的洞察力才行。

健身博主"刘畊宏"一开始做的是家庭生活方向的短视频。随着"本草纲目毽子操""龙拳""草原抖肩操"的风靡，刘畊宏走进了许多人的视野，短短 10 天涨粉 3000 万，就连他直播健身都有数十万人观看。

经过这次"爆红"，刘畊宏找到了自己的定位，他将短视频的创作方向转变为健身运动。找准定位，加上刘畊宏拥有超过 30 年的健身经历，他得以在直播健身领域快速站稳脚跟。

8.12.2　创始人 IP

创始人通常是认知水平高、资源积累多的人，所以能更好地整合资源形成影响力。和前面讲过的 KOL 相比，创始人 IP 孵化更容易把流量的主动权掌握在企业自己手中。每个品牌都有自己的故事要讲。近些年，创始人 / 高管 IP 孵化已经成企业布局短视频的"必争之地"。创始人要成为"故事大师"，把品牌价值主张有效地传达给用户。

以前那些"神秘"的企业创立者或领导者在近几年逐渐从幕后走到了台前。我们最熟悉的莫过于乔布斯。2010 年，乔布斯在发布会上展示的 iPhone 4 被誉为一代神机。2011 年 10 月 5 日乔布斯逝世，随后出版的《乔布斯传》风靡大江南北。还有中国企业的董明珠、雷军等，都成为企业最靓丽的名片。

创始人 IP 孵化和人设 IP 的孵化路径上差别不大，但是为什么创始人 IP 感觉很难做？很多公司会把问题归因到编导能力上，我认为这是片面的。创始人 IP 孵化通常会有以下 3 个问题。

（1）创始人用于短视视拍摄的时间少，而短视频是个费时费力的活。编导通常是公司的基层，很难主导创始人的时间安排。

（2）创始人是行业的佼佼者，但未必懂短视频，在这个过程中需要不断地提升流量思维。

（3）创始人只负责当演员，不参与内容创作，缺少了创始人的核心价值观和行业洞察，人物塑造不够饱满。

想把创始人 IP 做好，抓住几个关键点往往可以事半功倍。

（1）先确定创始人想做这件事，而不是"被迫营业"。短视频团队需要和创始人在目标和时间分配上达成一致，比如"一个星期配合几次拍摄""达到多少粉丝量后开直播"等。做短视频看似简单，实际上需要耗费大量的人力物力。如果公司内没有很成熟的短视频团队，建议交给有经验的外包团队制作。

（2）讲好品牌故事。应该围绕品牌的核心理念展开，讲述品牌的诞生、成长和发展。创始人需要找到品牌故事的核心，让听众感受到品牌的价值和独特性。品牌故事的讲述不只是口头表述，还需要有视觉资料作为支撑，比如使用图片、视频、幻灯片等。这些东西需要创始人不断积累，有的需要从过去的资料中寻找。

（3）创始人深度参与内容共创。IP 的差异化来自创始人本身，涉及理想、信念、处事风格。创始人可以利用个人经历和情感来讲述品牌故事，让听众感受到品牌的真实性和人情味。例如，讲述自己如何克服困难、如何实现愿望，等等。随着粉丝量增加后，创始人应该着重思考，自己做这件事和别的企业家有什么差别，找到观众心中的"核心记忆点"以更好地为品牌赋能。

8.12.3　虚拟 IP

由于运营人设 IP 通常需要与自然人或企业签约，涉及的利益条款、细节众多，而且在整个 IP 孵化过程中有非常多的不可控因素。近些年就有不少企业因为明星"翻车"而损失严重。

描绘品牌的形象比强调产品的具体功能特征重要得多。

从抖音第一个元宇宙账号"柳夜熙"的第一条视频可以看到，这位虚拟人物足够惊艳，不仅拥有美轮美奂的妆效，还有着堪比电影特效的画面，故事情节也十分紧凑，也埋下了许多伏笔。在一天时间发布两条短视频，涨粉超过200 万，目前抖音粉丝超过 800 万（见图 8-7）。

图 8-7

8.13　引爆模式

　　2022 年，双语教学、金句频出的"东方甄选"直播间仿佛在一夜间成为时代顶流。很多人认为"东方甄选"是一夜爆红，而实际上，"东方甄选"账号从 2021 年底就开始运营了。从建立到获得 100 万粉丝的关注，花了 6 个多月，但从 100 万到 300 万，仅仅用了 3 天。截止 2022 年 6 月 29 日，粉丝数更是突破了 2000 万大关，体现了"幂次法则"的效果。

　　短视频平台上总会涌现不同版本的"一夜成名"，"张同学""刘畊宏"都是如此。

　　引爆模式是个人及品牌在短视频营销中的一个"大招"。如果能熟练掌握流量的"埋点"及"引爆",流量可以实现质的飞跃。

马尔科姆·格拉德威尔的《引爆点》中提到了 3 个引爆潮流的法则。

首先是"个别人物法则",指的是基于个体进行传播扩散。通常,在事件内会出现一个极具影响力的个人。这个事件会因为这个人的性格、特点等因素引发大规模传播。

接着是"附着力因素法则",其关键点在于怎样确保创作者传达的信息不会从消费者左耳进右耳出。当信息有了附着力,就意味着它会对消费者产生影响,消费者就难以轻易把它从脑海里赶出去。

最后是"环境威力法则",也就是消费者会受到自己周围环境和周围人的影响。我们上一章讲过"社交货币"。社交是人的基本需求。当一个热点出现后,会引发从众效应,继而出现用户大规模的转发、点赞和评论。个体在群体的影响下,会放弃自己的意见或偏好,使自己的观点、言论、行为保持与群体一致。

很多企业在运营自己的短视频账号时,喜欢宣传自己的产品,鼓吹自己的优势,然而消费者往往不买账。有的企业的做法则与之相反,如"东方甄选",在早期曾发过很多第三视角的娱乐型内容,很快就被其他大量的账号转发。这种"舆论环境"为后来的爆火提供了先决条件。

8.13.1 视频号营销

当前,微信几乎已经覆盖了互联网产品所有的主流领域,从支付到游戏,从图文到短视频,从电商购物到生活服务。随着短视频在移动社交中的比例增大,视频号的出现补齐了微信的视频化内容。

视频号是一个可以记录个人生活和创作的平台,同时也是一个可以了解他人,了解世界的窗口。视频号还支持点赞、评论,也可以转发到朋友圈,与好朋友进行分享。视频号主要基于微信的社交属性。

视频号的出现，意味着大家迎来了一个巨大的短视频红利期。

微信视频号在 2020 年 1 月正式上线，不同于订阅号、服务号，视频号的核心想法是为每个用户提供展示自己的平台，让每个人都能创作。它是一个全新的内容记录与创作平台。

视频号不同于其他平台，它是对朋友圈关系的再次拓展，主要围绕"社交关系"展开，旨在拓展微信熟人关系链的下一级关系，这样就和抖音、快手在用户定位方面形成了差异。

视频号的全面开放，必将提高微信小程序、微信小游戏及其他合作产品的转化能力，也将为个人创作者及企业主带来红利。我们可以借助微信生态，直接将用户沉淀为私域流量，从而大大减少引流折损率，并提高交易转化率。

8.13.2　以视频号为核心的商业闭环

随着社交生态的不断完善，公域流量的红利空间越来越窄，而私域流量还有着广阔的发展空间。如果通过加微信号来对抖音或快手上面获取的粉丝进行"导流"，则极容易因违规被封号。而视频号可以直接和公众号绑定，并且支持转发到朋友圈、群，甚至直接发给某个好友。视频号是短视频领域离微信私域流量最近的产品，它使得实现粉丝变现、与粉丝产生高黏性的路径明显缩短了很多。

私域流量池指的是品牌或个人自主拥有的，可以免费、反复多次利用并能有效触达的流量。可以先通过视频号去获取公域流量。当视频号积攒到一定粉丝数量就可以将他们聚集到一个微信群里。当有产品时便在群内发布，从而提高销量。

　　视频号既可以作为公众号的补充，也可以作为独立的内容分发平台，并且可以和公众号之间相互引流。这是其他任何生态都不具备的优势。

　　视频号自带社交属性，可以通过联合公众号、朋友圈、小程序和微信支付来形成一个完整的生态，以便获取更多的商业流量，并实现公域流量向私域流量的转化。因此，视频号属于微信生态，可以通过个人微信、微信群、朋友圈、公众号来推广，从而建立微信 + 微信群 + 公众号 + 视频号的私域流量生态（如图 8-8）。

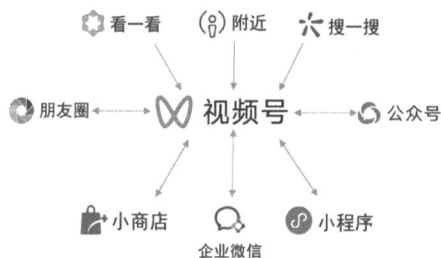

图 8-8

　　不仅如此，以视频号作为桥梁，可以联通微信其他独立的产品，比如公众号、小程序、微信圈子、微信商城等，从而能够实现其他短视频平台无法做到的营销生态闭环（如图 8-9）。

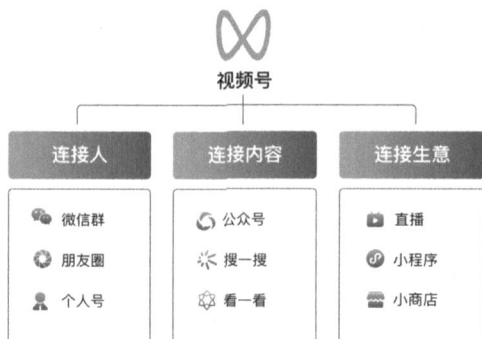

图 8-9

8.14　运营组合拳

不同于其他平台，视频号更像是微信生态下的一个功能。要做好视频号，就要更好地理解整个微信生态。

微信生态有很多流量触点，如公众号、社群、视频号、小程序等。每个流量触点都可以自己产生新的流量。就拿社群而言，我们做一场社群裂变活动，就会有很多新的粉丝产生。可以将这些流量引导到视频号或公众号；在视频号增长的粉丝也能引导到社群。这样就形成了一种独属于微信生态流量引燃的"法则"：每个流量触点都可以积累粉丝，还能相互助力。

拿一场直播来举例。直播前我们可以先做社群裂变活动，把对该场直播感兴趣的用户拉到群里，再在社群中做用户激励：只要用户拉人进群就有机会获得奖品。用户为了能得到相应的奖品就会把身边的朋友拉到群中。

当社群裂变的用户达到一定数量时，我们就可以针对这场直播提前预热，比如把这场直播的福利、内容在社群中反复"种草"，并在公众号发布相应的直播预热文章。

在直播前提醒用户预约直播，并且在开播后的不同时间节点提醒社群内的用户进入直播间抽奖。由于用户在前期已经在社群或公众号接受了密集的"种草"信息，所以他们在视频号直播间就更容易转化。

在直播的同时我们还能把直播间公域的流量反哺回社群。

这种模式相当于把视频号、社群和公众号做了一个整体的联动。当然，这个只是其中的一种思路。组合拳的运营逻辑还有更多的可能性有待各位"玩家"开发。核心逻辑就是，如何在各个流量触点上下功夫，并且相互引燃。这个和抖音的玩法确实有一定差别。

8.15 理解社交

在传播章节我们讲过"社交货币"和"社会共识"。要想做好视频号,对这两部分内容的理解是基础。

为什么有些"鸡汤"内容在视频号传播量如此巨大,是因为微信涵盖的人群很多,那些"浅显易懂"的道理没有门槛,谁都能理解,因而社会共识性强。我身边有一些高手,在抖音上也曾做出过亮眼的成绩,但到了视频号上,出现"水土不服"的情况。就是因为社交推荐型流量,在短期内无法通过算法筛选到核心的种子用户。这个时候,就要扩大人群基数,相当于扩大营销漏斗最上层的"注意"部分口的径,先用社会共识强的内容吸引到一部分粉丝,再通过社群、内容等方法筛选出精准用户,不失为早期视频号起号的一种思路。

理解微信的流量特点

微信不单单是一个平台,它几乎涵盖了我们生活的方方面面。社交、购物、内容、支付……可以说,我们可以没有其他软件,但是离不开微信。

微信视频号的流量特点也有所不同。先问个简单的问题:当我们在视频号上发布了一条短视频,是不是应该第一时间分享到朋友圈?

多数人的回答是:应该第一时间分享到朋友圈,因为朋友圈的好友可以给我们的短视频一些额外的曝光。

其实不然,原因很简单,朋友圈会分流你在短视频中的点赞。回到我们第 6 章的内容,一条短视频的流量推荐取决于这条短视频的点赞、完播、转发等数据。如果你把视频号的短视频第一时间分享到朋友圈,有的朋友可能看完会直接在朋友圈点赞,这样会降低这条短视频在视频号的"点赞率",反而不利于传播。我的建议是"先让子弹飞一会儿",等有一定的基础传播量,再去转发,并且最好在朋友圈提醒好友在视频号内点赞。这样就可以让朋友更好地帮你传播视频了。

我之前看到有些企业是在上午 10:30 将短视频转发到社群的。这个时候大家通常在上班,打开你的短视频不就是在公开告诉老板她此刻正在"摸鱼"吗?还有的直播运营人员为了完成业绩,在晚上23点甚至凌晨不断地转发"轰炸"社群,这无疑会引起观众的反感。最后不仅业绩没完成,观众的好感度也会下降。总之,要获得流量,本质是要"站在观众的角度"思考问题。

理解社交,也就是理解社交背后那些活生生的人,对于做好视频号非常重要。